WILLI KREUZ

FUSSBALL MEIN LEBEN

1. Auflage 2024

© egoth Verlag GmbH

Alle Rechte vorbehalten. Wiedergabe, auch auszugsweise, nur mit ausdrücklicher Genehmigung des Rechteinhabe

ISBN: 978-3-903376-57-1

Lektorat: Rosemarie Konrad
Coverfoto: Tony Leitner
Rückseitenfoto: Sportclub Feyenoord Archief, Rotterdam
Bildverweise: siehe Seite 189
Umschlag und Grafische Gestaltung: Clemens Toscani

Printed in the EU

Gesamtherstellung:
egoth Verlag GmbH
Untere Weißgerberstr. 63/12
1030 Wien
Österreich

WILLI KREUZ

FUSSBALL – MEIN LEBEN

Niedergeschrieben
von Alexandra Kreuz

Für Gabriel

INHALT

	Vorworte
7	Ein Herzensprojekt
9	Mein Papa, Mein Held!
11	Johan-Cruyff-Arena
15	Kindheit und Familie
21	Erste Schritte im Vereinsfußball
24	Admira
42	Einberufung ins Nationalteam und der Ruf ins Ausland
51	Die Jahre in Holland
82	WM-Qualifikationen für 1974 und 1978
97	Die WM 1978 in Argentinien
113	Nach der WM 1978 – Enttäuschungen und neue Wege
123	EM-Qualifikation 1978/79
126	Die Achillessehne
134	Zurückkämpfen, weitere Verletzungen und Karriereende
144	Neubeginn und erste Trainerstationen
151	Trainer von Stockerau – Cupfinale und Cupsieger
159	Weitere Trainerstationen
161	Trainer beim ASK Bad Vöslau und abschließende Stationen
167	Die 78er-Mannschaft im weiteren Verlauf ...
172	Rückblick und was bleibt ...
184	Stationen
186	Literatur und Links
189	Bildnachweis
190	Dank
192	Die Autorin

„*Erfolg ist kein Zufall. Es ist harte Arbeit, Ausdauer, Lernen, Studieren, Aufopferung, jedoch vor allem Liebe zu dem, was du tust oder dabei bist zu lernen.*"

Pelé

EIN HERZENS-PROJEKT

Ich war zu Besuch bei meinem Vater, ging durch sein Haus und betrachtete die an den Wänden hängenden Fotos aus seiner aktiven Zeit als Fußballprofi und die vielen Pokale und Auszeichnungen, die er im Laufe seiner Fußballkarriere erhalten hatte. In diesem Moment wurde mir erstmals so richtig bewusst, was er alles in diesem Sport geleistet und erreicht hatte, und das berührte mich doch sehr. Eigentlich wusste ich viel zu wenig über seinen Werdegang, auch wenn ich diesen als Kind teilweise miterlebt hatte.

Das machte mich neugierig, ich wollte mehr wissen, auch wie seine Karriere begonnen hatte, und so entstand die Idee für dieses Buch, die mich nicht mehr losließ.

Ich machte ihm also den Vorschlag, gemeinsam seine Biografie aufzuschreiben. Er war einverstanden, und so begannen wir unser Projekt. Wir verbrachten viel Zeit miteinander, um all die Fragen, die sich mir im Zuge seiner Erzählungen aufdrängten, zu klären und näher zu beleuchten. Insgesamt war es ein sehr positiver, fruchtbarer Prozess, der mir einen neuen Zugang zu seinem Lebensweg, der als Kind in der Nachkriegszeit in sehr ärmlichen Verhältnissen begann, geschenkt hat.

Das auf diesem Weg entstandene Buch soll Einblicke in die

Ein Herzensprojekt

Fußball-Geschichte meines Vaters geben, die Erfolge, aber auch die Schattenseiten und psychischen Belastungen, die der Spitzensport immer mit sich bringt, aufzeigen und eine Würdigung der besonderen sportlichen Leistungen, die er und all die außergewöhnlichen Fußballer der damaligen Zeit in diesem Sport erbrachten, darstellen.

Alexandra Kreuz

MEIN PAPA, MEIN HELD!

Im Zuge der Recherche für dieses Buch kam meine Schwester auch öfter auf mich zu, um gemeinsam unsere Vergangenheit und Kindheit zu reflektieren. Wie war unser Leben mit unserem – in der Öffentlichkeit stehenden – Papa? Diese Frage hat mich in den letzten Monaten nicht mehr losgelassen, und auch für mich begann eine spannende Reise in die Vergangenheit. Das Wichtigste vorweg: Ich hatte eine wundervolle Kindheit. Auch wenn ich als Kind oft sehr gelitten habe, dass Papa wochenlang nicht zu Hause war, weil er wieder auf irgendeinem Trainingslager war oder an einem Turnier teilnahm. Es war mir aber nie so richtig klar, wie hart dieser Weg gewesen ist, den er gewählt hat. Papa war und ist ein sehr bodenständiger, ehrlicher und vor allem lustiger Mensch. Einer, der sich nie in den Vordergrund gedrängt hat und sich immer stundenlang für seine Fans Zeit genommen hat. Ach, wie mühsam war es doch für uns Kinder, wenn der Weg von der Staatsoper bis zum Stephansplatz mal wieder über zwei Stunden gedauert hat, weil er für jeden Fan ein offenes Ohr hatte. Wir kannten es aber nicht anders. Bis heute liebe ich seine offene Art, sein spitzbübisches Grinsen, wenn er die alten Geschichten erzählt und über die Schmähs von früher lacht. Und seine positive

Art, dem Leben entgegenzutreten. Auch wenn sein Körper nach den zahlreichen Verletzungen und Operationen von seinem Leben als Sportler gezeichnet ist, würde er nichts geändert haben wollen.

Seine alten Knie hätte er schon gern wieder, und ab und zu ein bisschen weniger Schmerzen, aber er meint, das gehöre zum Alter einfach dazu. Er war noch nie jemand, der sich im Leid suhlt. Erst jetzt sehe ich, wie viel er seinem Körper abverlangt hat. Ohne zu raunzen oder sich zu beschweren.

Wir hatten eine wundervolle Kindheit, auch wenn wir öfters umziehen und uns immer wieder neu einleben mussten; auch wenn man mal wieder Neid und Hass seitens Kollegen oder Lehrern verspürte oder er nicht immer da war. Denn wenn er da war, dann zu 100 Prozent und mit voller Liebe. Mich persönlich freut es sehr, dass er jetzt für meinen Sohn alle Zeit der Welt hat und ihm in Sachen Fußball einige wichtige Tipps mit auf den Weg geben kann. Aber wie sagt er immer: „Spielen muss er selbst."

Ich wünsche mir von ganzem Herzen, dass er noch viele Jahre gesund und munter seine Geschichten erzählen kann, denn er hat sie noch lange nicht auserzählt.

Papa, du warst und bist für mich noch immer ein Superheld!

In Liebe, deine Tochter Olivia

JOHAN-CRUYFF-ARENA

1999. Ein Anruf aus Holland. Zum Glück verstand ich die Sprache noch. Es waren, seit ich dort aktiv gespielt hatte, immerhin schon über 20 Jahre vergangen. Ich sei in die Mannschaft des Jahrhunderts gewählt worden, und man lud mich zu einem besonderen Fußballevent ein: Die besten Legionäre, die je in Holland gespielt hatten, sollten gegen die Holländer des Jahrhunderts – Größen wie Johan Cruyff oder Johan Neeskens – antreten. Man werde mir zwei Flugtickets schicken und eine Hotelübernachtung für drei Tage bezahlen.

So durfte ich also mit mittlerweile 50 Jahren erstmals in der 1996 eröffneten Arena Amsterdam einlaufen, dem Heimstadion von Ajax, das 2018 zu Ehren der niederländischen Fußballlegende Johan Cruyff in Johan-Cruyff-Arena umbenannt wurde. Mit 55.500 Plätzen und dem verschließbaren Dach war sie damals ziemlich einzigartig und einfach überwältigend.

Am 21. Dezember 1999 war die Arena mit rund 40.000 Fußballfans gefüllt, und das Spiel wurde live im Fernsehen übertragen. Ich bekam ein Feyenoord-Dress, so wie ich es auch damals hatte, nur vom Stil her etwas an die Zeit angepasst – und an meine Größe. Es fühlte sich eigenartig an, wieder in dieses Trikot zu schlüpfen. Viele Erinnerungen an meine Zeit als Legionär in Holland kamen hoch, eine Zeit, die für mich eine sehr besondere war. 1972 war ich als damals jüngster österreichischer Spieler mit 23 Jahren zu Sparta Rotterdam gegangen, und von dort wechselte ich zwei Jahre später zu Feyenoord Rotterdam – bis 1978. Aber dazu komme ich später. Das Match begann. Jeder Spieler wurde einzeln aufgerufen und lief dann in die Arena ein. Ich war der Kapitän der Legionärsmannschaft, und als ich hörte, wie mein Name durchgesagt wurde, rannte ich aufs Spielfeld. Auf einer riesigen Videowall wurden die Höhepunkte aus meinen sechs Jahren beim holländischen Fußball gezeigt, was in mir unglaubliche Emotionen aufsteigen ließ. Die Zuschauer applaudierten. Wie anno dazumal standen wir in der Mitte des Spielfelds und warteten auf den Anpfiff. Es war unbeschreiblich und irgendwie unreal, das noch einmal zu erleben – nach so vielen Jahren. Die Zeit stand für einen Moment still. Ich spürte wieder dieses Gefühl von damals, aus längst vergangenen Tagen, als ich ehrfürchtig und demütig in den holländischen Stadien spielte und mich vor jedem Match auf Gewinnen und auf meine beste Leistung programmierte, um mich selbst und die Zuschauer nicht zu enttäuschen. Ich spürte wieder dieses Lampenfieber, so wie es immer gewesen war, kurz vor Spielbeginn. Damals erlebte ich eine unglaubliche Aufbruchsstimmung, als das Neue und Große gerade begann und alles so aufregend war, gleichzeitig immer verbunden mit der Sorge, zu versagen und nicht gut genug zu sein. Aber dieser Stress aktiviert ja auch das Adrenalin im Körper und versetzt einen in den Kampfmodus.

Natürlich war ich jetzt nicht mehr so topfit wie seinerzeit, hatte auch schon einige Operationen hinter mir, aber ich hatte als Trainer immer fleißig mittrainiert und hatte auch noch meine originalen Knie und Hüften.
Nachdem das Dach des Stadions geschlossen war, veränderte sich die Atmosphäre. Die Fangesänge klangen unten am Rasen ziemlich verzerrt, es hallte, die Luft war drückend und stickig. Ich hörte den Anpfiff, und es ging los. Augenblicklich automatisierten sich die unendlich oft eingeübten Abläufe von damals, sowohl mental als auch physisch. Kein Wunder – wie man aus der Psychologie weiß, speichert der Körper diese jahrzehntelang aufgebauten Programme und kann sie auch 20 Jahre später noch abrufen. Ich kam gut ins Spiel und konnte mit den anderen – alle im ähnlichen Alter wie ich – mithalten. Das Tempo war zum Glück nicht mehr so hoch wie damals. Mein Ehrgeiz erwachte, und auch dieses Mal wollte ich alles geben, um den Zuschauerinnen und Zuschauern ein gutes Match zu zeigen. Gleichzeitig fühlte ich eine derartige Freude und unendliche Dankbarkeit in mir, hier noch einmal mit meinen früheren Kollegen spielen zu dürfen. Wir kämpften so wie einst, und die Begegnung endete mit 1:1. Wir waren zufrieden und stolz.
Im Anschluss gab es einen großen Empfang mit einem besonderen Geschenk für alle Fußballer – eine Cartier-Uhr mit dem Namen des jeweiligen Spielers des Jahrhunderts eingraviert. Das war eine außerordentliche Würdigung und eine hohe Auszeichnung, die mich bis heute, wenn ich mit 74 Jahren daran zurückdenke, noch immer berührt. Die Holländer hatten diese längst

vergangene Zeit und ihre Spieler und Legionäre nicht vergessen. Allerdings machte es mich auch wehmütig, dass diese aufregende Zeit so schnell verflogen war und das Alter einen leider irgendwann doch einholt. Aber es ist auch ein Geschenk, dass ich in diesem Sport über all die Jahre so viel erleben durfte, mit früheren Vorbildern und Kollegen zusammentreffen und spielen durfte, von denen jeder Einzelne ein Ausnahmetalent war.

Aus diesen Erinnerungen erzähle ich nun meine persönliche Fußball-Lebens-Geschichte …

Mit Wim van Hanegem in der Arena, 1999.

KINDHEIT UND FAMILIE

Ich wuchs in Kaisermühlen im 22. Wiener Gemeindebezirk auf. Wir waren neun Kinder, sieben Brüder und zwei Schwestern. Ich wurde am 29. Mai 1949 geboren und war der Zweitjüngste. Mein Vater war nach dem Krieg als Gemeindebediensteter tätig, meine Mutter arbeitete in einer Gärtnerei. Sie verdienten beide sehr wenig Geld, gerade genug, damit wir ohne Hunger zu leiden über die Runden kommen konnten. Wir lebten also sehr ärmlich in einer kleinen Gemeindewohnung, ohne Heizung, wir hatten kein eigenes Bad und auch keine Dusche. Waschen konnten wir uns nur in einem Lavoir, von uns als *Lawur* bezeichnet. Ungefähr einmal im Monat, so zumindest meine Erinnerung, gingen wir alle zum Duschen ins *Tröpferlbad*. Es gab auch nur ein Kinderzimmer; vier von uns Buben lagen dort in einem Bett, die restlichen drei Geschwister schliefen im Wohnzimmer auf Matratzen am Boden. Die zwei Ältesten waren zu diesem Zeitpunkt schon ausgezogen. Wir besaßen einen Kühlschrank, der mit Eisblöcken, die der Eismann im Sommer brachte, gekühlt wurde. Meine Mutter hatte aber ein Schloss am Kühlschrank angebracht, damit wir

Kinder uns nichts von dem, was für meinen Vater nach der Arbeit gedacht war, nehmen konnten. Den Schlüssel verstaute sie immer in ihrer Schürzentasche. Unsere Mahlzeiten waren einfach und karg. Fünfmal pro Woche gab es dasselbe, meist Erdäpfelgulasch, und wenn wir Glück hatten, einmal Wiener Schnitzel. Ich weiß noch, dass ich ein sehr schmächtiges Kind war und mit meinen Geschwistern oft auf der Suche nach Essbarem in der Gegend herumstreifte, Kirschen stibitzte oder am Wegrand und im Wald Erdbeeren suchte. Von den amerikanischen Soldaten, die bis 1955 in Wien waren, bekamen wir Kinder öfters Kaugummi geschenkt. Häufig fuhren meine Geschwister und ich zu einer großen Mülldeponie – es war das Gelände der späteren Wiener Internationalen Gartenschau –, um dort nach Koks zum Heizen zu suchen, weil es im Winter immer so kalt in unserer Wohnung war. Koks, das die anderen Leute schon entsorgt hatten. Auch Eisen sammelten wir und verkauften es. Das war der damaligen Chefin des Müllplatzes, genannt *Buschkerni*, gar nicht recht. Sobald sie uns sah, hetzte sie ihren Rottweiler auf uns, und einmal schoss sie uns sogar mit ihrem Luftdruckgewehr nach.

Die Wäsche wurde einmal im Monat im Waschtrog gereinigt, im selben Wasser badeten wir dann auch und wuschen uns mit *Hirschseife*; die Kleidung wurde von den älteren Geschwistern an uns jüngere weitergegeben. Wenn unsere Schuhe löchrig wurden, wurden sie mit Karton ausgelegt, so konnten wir sie noch einige Zeit tragen. Mein Vater hatte einen Dreifuß aus Eisen, wo er uns die Sohlen wieder festnagelte, wenn sie sich lösten. Die Schuhe blieben von April bis September sowieso im Kasten – das hieß, im Frühling und Sommer barfuß laufen, auch in die Schule. Ich erinnere mich nur zu gut daran, dass meine Füße immer schwarz waren und oft schmerzten. Aber ich kannte kein anderes Leben, und so bezeichne ich meine Kindheit heute weder als schlecht noch als entbehrungsreich. Ja, ich war sogar stolz darauf, wenn ich von meinen älteren Brüdern etwas nachtragen durfte.

Da wir nahe der Alten Donau und dem Gänsehäufel lebten und ich immer draußen unterwegs auf Entdeckungstour war, war jeder Tag ein Abenteuer. Natürlich tat ich mir auch öfters weh. Mit acht Jahren landete ich beim Runterspringen von einem Baum auf einer *Klampfe*, die mir den Rist durchstieß. Zu Hause behandelte meine Mutter meine stark blutende Verletzung nur damit, dass ich drauf urinieren musste. Aus heutiger Sicht ist diese Therapie ein Wahnsinn, aber zum Glück ging alles gut, und ich bekam keine Infektion. Die Wunde verheilte problemlos.
Meiner Mutter war es auch sehr wichtig, dass ich früh schwimmen lernte. Meine älteren Brüder sollten es mir beibringen. Sie nahmen mich mit zur Gänsehäufelbrücke, und einer sagte zu mir: „Komm, da springst du jetzt runter, dann kannst eh schwimmen."
Ich kann mich noch gut erinnern, wie angsterfüllt ich dort oben stand, zitterte und einfach nur weglaufen wollte. Aber so weit kam es nicht, denn sie stießen mich einfach von der

Brücke runter. Ich schrie verzweifelt, tauchte unter und wieder auf, schluckte Unmengen Wasser und wusste nicht, wie mir geschah. Mit aller Kraft gelang es mir, mich mit kraulähnlichen Bewegungen ans Ufer zu retten, wo einer meiner Brüder auf mich wartete. Mutter bekam das natürlich in keinster Weise mit. Sie war dauernd mit ihrer Arbeit und den vielen Kindern beschäftigt, hatte kaum Zeit, und ich kannte sie eigentlich auch nur in ihrer Kleiderschürze. Und mein Vater war immer nur müde, wenn er von der Arbeit heimkam. Sehr viel Zuneigung bekam ich von meinen Eltern in meiner Kindheit nicht.

Aber eines stand in unserer Familie immer hoch im Kurs: Fußball. Mein Vater liebte diesen Sport, und von meinen sieben Brüdern waren sechs Fußballer. Ja, und auch meine beiden Schwestern spielten lieber mit dem *Laberl* als mit Puppen. Nur einer meiner Brüder tanzte aus der Reihe – er wollte Priester werden.
Während der Volksschulzeit waren meine Geschwister und ich daher an den Nachmittagen meist auf der Wiese beim Gänsehäufel, um dort unserer Lieblingsbeschäftigung nachzugehen. Wir hatten aber nicht immer einen Ball zur Verfügung, manchmal musste auch ein Stein herhalten – meine Zehennägel waren ständig umgebogen und blutunterlaufen. Aber solange ich mit dem Ball oder etwas Ballähnlichem tricksen konnte, war mir alles egal. Die Füße wuschen wir uns dann in der Alten Donau, die uns im Sommer sowieso als Badewanne diente.

Am glücklichsten fühlte ich mich jedoch, wenn ich an heißen Tagen von Edith, der Frau meines Bruders Franz, ein Eis um einen Schilling bekam. Das war immer etwas ganz Besonderes für mich, und so habe ich die Sommer meiner Kindheit mit einem schönen und auch leichten, unbeschwerten Gefühl in meiner Erinnerung mitgenommen.

Die Winter meiner Kindertage dagegen waren oft bitterkalt und schneereich, die Alte Donau war zugefroren, sodass wir Kinder eislaufen gehen konnten. Natürlich spielten wir auf der zugefrorenen Donau auch Fußball; auf dem Eis konnte man viel lernen: andeuten und kleine Schritte machen.
Das wurde mir allerdings mit sieben Jahren fast zum Verhängnis. Ich war mit meinem Freund auf der Alten Donau, wir spielten auf dem Eis, als ich plötzlich einbrach und zu ertrinken drohte. Mein Freund versuchte mir zu helfen, suchte fieberhaft nach einem Stock, an dem er mich hätte aus dem Wasser ziehen können. Leider fand er nichts Geeignetes. Mein dicker Wintermantel wurde immer schwerer und drohte, mich unters Wasser zu ziehen. Ich kämpfte um mein Leben und versuchte immer wieder, mich auf die feste Eisdecke hinaufzuziehen, die aber dauernd weiter einbrach. Irgendwie, es kam mir wie eine halbe Ewigkeit vor, schaffte ich es dann doch und konnte mich mit allerletzter Kraft aus dem Wasser retten. Ich erinnere mich noch gut daran, ich zitterte am ganzen Leib – vor Schock, Kälte und Nässe. In unserer Panik liefen wir zum Gänsehäufel hinüber und trockneten meine Kleidung an einem Lagerfeuer,

denn ich hatte riesige Angst davor, so durchnässt heimzukommen. Nachdem das Gewand aber nun stark nach Rauch stank, bekam ich zu Hause trotzdem meine *Watschen*, da meine Mutter mich mit den Worten empfing: „Wieso riechst du so nach Rauch, hast du gezündelt?"
Es hätte keinen Sinn gehabt, ihr etwas zu entgegnen oder ihr gar die wahre Geschichte zu erzählen. Wie gern hätte ich meinen Tränen nach der schlimmen Erfahrung freien Lauf gelassen und eine tröstende Umarmung meiner Mutter bekommen. Was aber leider nie passierte. Ich war früh auf mich allein gestellt, musste vieles mit mir selbst ausmachen und lernte, draußen zu überleben, und in diesem Fall war ich froh, überhaupt noch am Leben zu sein. Erst als meine älteren Geschwister ausgezogen waren, wurde das Verhältnis zu den Eltern besser und auch warmherziger.

ERSTE SCHRITTE IM VEREINS-FUSSBALL

Die Sportvereinigung Donau, kurz SV Donau, war mein erster Verein, wo ich mit sieben Jahren mit dem Fußballtraining begann. Alle meine Brüder hatten dort gespielt, und mein ältester Bruder Kurt war Trainer der Schülerliga. Also war es klar, dass ich irgendwann auch mitmachen würde, da sie mich auch oft zum Training mitnahmen.

Eines Tages sagte Kurt zu mir: „Willi, du bist alt genug, ab jetzt bist du in der Schülerliga!"

Ich sprang vor Freude, so sehr und so lange hatte ich schon darauf gewartet, endlich auch in der Liga trainieren zu dürfen. Da ich keine eigenen Fußballschuhe besaß und meine Eltern kein Geld für so etwas übrig hatten, bekam ich beim ersten Training ein Paar vom Zeugwart geliehen. Ich hatte Schuhgröße 35, er gab mir 40er mit Stahlkappe und Lederstoppeln. Die Schuhe waren viel zu groß, und es war eigentlich unmöglich, damit zu laufen oder gar zu schießen. Ich hatte so gut wie keinen Halt und rutschte – auch mit zwei Paar Socken – hin und her. Nach jedem Training waren meine Nägel durchgedrückt und voller Blut. Trotzdem ging ich zu jedem Training, wollte immer dabei sein. Am Wochenende schaute ich bei den Spielen der Kampfmannschaft zu und fieberte mit meinen großen Vorbildern wie Robert Sara mit.

Die ersten Fußballschuhe.

In der Zeit, als ich beim SV Donau trainierte, spielte dort auch ein gewisser Hans Orsolic. Ich durfte in der U14 sogar ein Match gemeinsam mit ihm – er war linker Verteidiger – spielen. Nach 15 Minuten wurde er gefoult und ging zu Boden. Blitzschnell rappelte er sich auf und verpasste dem gegnerischen Spieler eine Links-rechts-Kombination, sodass der bewusstlos umfiel. Dafür bekam Hansi eine längere Sperre. Und so entschied er sich mit zwölf Jahren für den Boxsport – sozusagen der Beginn seiner erfolgreichen Karriere im Ring.

Unser Kontakt blieb allerdings bestehen. Man traf sich später im *Café Kaisermühlen* …

Anfänge in der Schülerliga (stehend, 2. von re.) bei SV Donau.

ADMIRA

1961. Der damalige Jugendtrainer von Admira, Otto Linz, sah mich beim SV Donau spielen und machte mir das Angebot, zu seinem Verein zu wechseln. Der Sportklub Admira Wien spielte zu jener Zeit in der Staatsliga und trainierte in Jedlesee in Floridsdorf. SV Donau erhielt zwei Paar Fußballschuhe und eine Garnitur Dressen als Ablöse für mich.

Von unserer Wohnung in Kaisermühlen nach Floridsdorf war es allerdings eine lange Anreise. Aber ich wollte diese Chance unbedingt nützen und nahm die weite Fahrt gern auf mich. Gemeinsam mit drei anderen Kindern vom SV Donau, die ebenfalls zur Admira wechselten, machten wir uns dann zweimal pro Woche auf den Weg zum Admira-Platz in der Hopfengasse, zuerst mit der Schnellbahn und dann mit der Straßenbahn. Das Training begann um 17 Uhr, um 19 Uhr war Schluss. Danach bekamen wir immer einen Kinderfahrschein und ein Packerl *Manner Schnitten* in die Hand gedrückt und fuhren wieder nach Hause.

Jeden Sonntag um acht Uhr in der Früh fand unser Meisterschaftsmatch statt. Ich musste um fünf aufstehen und um sechs Uhr losfahren, damit ich rechtzeitig in Floridsdorf ankam. Das war aber sowieso egal, denn vor einem Spiel konnte ich die ganze Nacht nicht schlafen, so aufgeregt war ich immer, und wenn es am Vorabend regnete, stand ich am Fenster und betete, dass das Spiel am nächsten Tag stattfinden könne. Meine Eltern und Brüder schliefen immer noch, wenn ich schon längst die Wohnung verlassen hatte. Ich musste an alles selbst denken, aber mir war kein Aufwand zu mühsam, ich nahm alles in Kauf. Es war mir nur wichtig, dabei zu sein und spielen zu dürfen.

Der Gedanke, einmal Profi zu werden, war mir zu diesem Zeitpunkt noch nicht gekommen. Ich war ja noch sehr jung und spielte halt einfach leidenschaftlich gern Fußball. Jeder Augenblick mit dem Ball, egal ob beim Match oder ob ich einfach nur verschiedene Tricks übte, machte mich glücklich.
Meine Eltern bekamen später eine größere Wohnung in der Jungmaisstraße im 22. Bezirk, was mir und meinen Geschwistern, die noch zu Hause wohnten, das Leben merklich erleichterte. Endlich hatte ich ein eigenes Bett – nur für mich allein – und mehr Privatsphäre, das war sehr bereichernd. Mit zwölf Jahren versuchte ich, mir nebenbei etwas Geld zu verdienen. Taschengeld gab's ja keins. Ich half im Gänsehäufel für zwei Schilling als Balljunge beim Tennis aus oder schälte den ganzen Tag Kukuruz, von sieben in der Früh bis sechs Uhr abends – für 20 Schilling. Davon gab ich die Hälfte meiner Mutter. Ich scheute keine Arbeit, auch wenn sie noch so anstrengend war. So hatte ich zumindest ein wenig eigenes Geld zur Verfügung. Mit 14 begann ich eine Lehre zum Maler und Anstreicher, trainierte nebenbei bei der Admira in der Jugend und wurde erstmals in die Jugendauswahl des Nationalteams, genannt UEFA-Junioren-Team, einberufen. Meine Aufregung und mein Glück kann man sich vorstellen! Ich spielte gern und gut und vor allem: Ich sammelte Erfahrung!

Dann kam der Zeitpunkt, als viele meiner Freunde mit dem Fußball aufhörten, weil sie entweder nicht so begabt waren oder keine Lust mehr dazu hatten und wir auch mitten in der Pubertät steckten, wo bekanntlich jegliche Anstrengung nicht so begeisternd auf einen wirkt. So fühlte sich das auch für mich an, ich zog mit meinen Freunden mit und hängte die Fußballschuhe für einige Monate an den Nagel.

Als Malerlehrling verdiente ich 50 Schilling pro Woche, 20 davon musste ich als Kostgeld abgeben und zehn kostete die Lehrlingsfahrkarte. Insgesamt hatte ich also nicht viel Geld zur Verfügung. Auch war ich nach einiger Zeit nicht mehr davon überzeugt, dass ich diesen Beruf auch in Zukunft ausüben wollte. Und so kam ich mit der Unterstützung meines Bruders zur Firma *Kaiser Borax* und wurde als Staplerfahrer angelernt. Die Arbeitszeit von sechs bis zwei Uhr kam mir entgegen, aber leider wurde mir dann genau so ein Stapler zum Verhängnis: Beim Hinauffahren auf eine Rampe kippte ich irgendwie über den Randstein. Das Fahrzeug war im Begriff umzufallen, ich sprang noch schnell ab, aber nicht schnell genug, sodass mir ein Eisenteil der Fahrerkabine die linke Hand wegzog. Letztendlich hing mein linker Arm dann nur mehr an einer Sehne. Der Oberarm war gebrochen, es war unbeschreiblich schmerzhaft, ich wurde fast ohnmächtig. Ich bekam den Oberarm inklusive Hals bis zum Bauch eingegipst – und das leider den ganzen Sommer über. Nach drei unsagbar langen Monaten war meine Haut, als der Gips endlich herunterkam, bis aufs Fleisch offen. Das Ganze heilte nur langsam, es war eine äußerst mühselige Zeit, und ich wollte auch nicht mehr zu dieser Arbeit zurück.

Eines Tages erhielt ich einen Anruf von Admira. Die Verantwortlichen hatten von meinem Unfall gehört, erkundigten sich nach meinem Wohlbefinden und wollten mich überreden, zurück in die Mannschaft zu kommen. Ich überlegte nicht lange, denn der Fußball, der mich mein bisheriges kurzes Leben begleitet hatte, fehlte mir mittlerweile enorm. Auch die Bewegung, die Anstrengung, das Training selbst und das Mannschaftsgefühl vermisste ich, und überhaupt das ganze Spiel. Und da war es plötzlich wieder, dieses Gefühl: Ich will Fußball spielen, ich will Turniere spielen, ich will Tore schießen und am Platz stehen und mein Bestes geben. Also stieg ich wieder in die Jugendliga bei der Admira ein. Es machte mir unendlich Spaß, und trotz des harten Trainings liebte ich es jetzt umso mehr. Diesmal wusste ich, dass ich freiwillig nicht mehr damit aufhören würde. Mit 16 Jahren holte man mich in die Reserve der Kampfmannschaft. Alles lief bestens, es machte mich so glücklich, wieder dabei zu sein.
Ich war 17, als ich in den Kader der Kampfmannschaft aufgenommen wurde – mit 500 Schilling Fixum, dazu kamen 800 Schilling bei einem Sieg und 400 bei einem Unentschieden. Das war auf einmal sehr viel Geld für mich. Ich war so dankbar. Mein Vater verdiente damals im Vergleich dazu 1500 Schilling im Monat. Endlich konnte ich mir eigene Kleidung kaufen und mir ein bisschen was leisten. Es ermöglichte mir auch, einige Zeit später aus der elterlichen Wohnung auszuziehen.

1966 feierte ich also mein Debüt in der Kampfmannschaft auf dem alten Admira-Platz in Floridsdorf gegen Kapfenberg, und wir gewannen 3:0. Ich erzielte ein Tor.

Zwei Tage vor dem Spiel hatte mich Co-Trainer Franz Pelikan zu sich gerufen und gesagt: „Du spielst am Samstag in der Ersten, als Rechtsaußen."

Das ging mir total gegen den Strich, da ich auf dieser Position einfach nicht zeigen konnte, was ich draufhatte. Ich entgegnete ihm frech, dass mich das zwar freue, ich aber nicht Rechtsaußen spielen würde.

Seine Reaktion fiel wie erwartet wenig begeistert aus: „Du wirst gleich a Watschen haben, schleich dich heim."

Am nächsten Tag kam der Trainer wieder und befahl mir: „Du spielst Rechtsverbinder, du Rotzbua."

Ich konnte mich also zum Glück durchsetzen und auf meiner Lieblingsposition spielen.

Aber auch in der Kampfmannschaft musste ich mich erst beweisen und als einer der Jüngsten immer die Bälle für das Training tragen. Mit den Stammspielern Walter Stamm, Felix Latzke, Anton Herzog, Emmerich Sommer, Josef Wahl und anderen war ich ein halbes Jahr lang per Sie, bis sie dann meinten, ich könne sie nun duzen.

1967 übersiedelte die Admira in die Südstadt – eine für mich ziemlich mühsame Zeit, denn da ich weder einen Führerschein noch ein Auto besaß, hieß es ein paarmal umsteigen. So fuhr ich jeden Tag von Kaisermühlen mit der Straßenbahn, der Schnellbahn und schließlich der Badener Bahn in die Südstadt. Das Training war schwierig für mich, da die älteren Spieler mich noch nicht akzeptierten und mich spüren ließen, dass ich der „junge Neue" war. So war es nicht leicht für mich, mein Können zu zeigen, mich einzubringen und mich durchzusetzen. Über jeden Fehler, den ich machte, wurde heftig geschimpft, und so war mein Selbstvertrauen dann auch nicht besonders groß.

1967: Beim Training für das Meisterschaftsspiel gegen Rapid Wien mit Franz Blitzenetz, Anton „Burli" Herzog, Felix Latzke und Horst Paproth.

Aber ich hatte ein großes Kämpferherz, wollte unbedingt dazugehören und biss mich täglich durch. Es war eine harte Zeit, mir meinen Platz zu erspielen, aber ich lernte etwas sehr Wichtiges für meine weitere Karriere und allgemein für mein

Leben: Wenn man ein Ziel verfolgt, muss man durchhalten und darf nicht aufgeben.

Mit Hannes Demantke und den Kollegen Karl Zajic und Rudolf Böhm in der Südstadt.

Als dann Hannes Demantke vom FC ÖMV Stadlau zu uns kam, wurde es leichter für mich. Ich verstand mich auf Anhieb mit ihm, und er nahm mich zu jedem Training mit seinem Auto mit. Wir wurden beste Freunde – eine Freundschaft, die bis heute hält. Hannes blieb 16 Jahre bei der Admira, er war rechter Verteidiger. Ein paarmal spielte ich später auch gegen ihn. Er war immer ein fairer Spieler, auch als Gegner, und ist bis heute ein ehrlicher Freund; das schätzte und schätze ich an ihm besonders.

Trainingslager der Admira in Tunesien vor dem Freundschaftsspiel Admira gegen Tunesien (2:0) mit Hannes Demantke.

Immer im Training – auch bei Schnee.

Meine Profikarriere nahm Fahrt auf. Es war eine aufregende und großartige Zeit, aber nach wie vor waren es in erster Linie harte Lehrjahre. Am 4. März 1967 wurde das Stadion in der Südstadt eröffnet, das erste Spiel fand gegen den FC Wacker Innsbruck statt, es waren um die 10.000 Zuschauer gekommen. Wir gewannen 3:1, und ich erzielte das erste Tor.

Als Profi bei Admira Wacker in der Südstadt wurde ich regelmäßig als Mittelstürmer aufgestellt – immer mit der Nummer 8 oder 9 –, und meistens schoss ich die Tore, die man von mir erwartete. Ich trainierte hart, baute Muskeln und viel Kondition auf – und glaubte, unverwundbar zu sein.

Willi Kreuz: Fußball – mein Leben

Bis zu dem Tag, ich war 18 Jahre alt, als ich mir eine Meniskusverletzung zuzog und erstmals operiert werden musste – ein großer Schnitt, sechs Nähte am Knie, eine Woche im Krankenhaus. Ich stand unter Schock und hatte große Sorge, dass meine erst am Beginn stehende Karriere schon wieder vorbei sei. Aber glücklicherweise hatte ich nicht viel Zeit, darüber nachzudenken, ich regenerierte mich schnell. Zehn Tage nach der Operation war ich schon wieder beim Training einsatzfähig. Fußballspielen in der österreichischen Nationalliga war wieder ohne Schmerzen möglich, und ich gewann schnell meine Spielsicherheit und mein Gefühl für meinen Körper zurück.

Meisterschaftsspiel Admira gegen GAK, 2:0.

Weitere Meisterschaftsspiele.

Mit Kollegen von der Admira auf der Akropolis vor einem Spiel gegen Athen.

13. März 1971: Admira gegen Sturm Graz.

Insgesamt spielte ich sechs Jahre für Admira Wacker in der Kampfmannschaft, von 1966 bis 1972. In 147 Matches erzielte ich 69 Tore. 1970/71 schaffte ich es mit 26 Toren sogar zum Torschützenkönig – vor Jørn „Johnny" Bjerregaard.

Die Kampfmannschaft von Admira unter Trainer Malatinsky.

Torschützenkönig 1970/71 mit dem Zweitplatzierten Johnny Bjerregaard.

Admira

Trainingsmethodik

Unter meinen Trainern Hans Pesser, Franz Pelikan und Bohumil Hruška trainierten wir jeden Tag, allerdings nur am Nachmittag. Nach einem Spiel am Samstag hatten wir sonntags frei, aber am Montag ging es schon wieder los mit dem Ausdauertraining, 30 bis 45 Minuten lang, danach folgten Gymnastik und ein lockeres Match. Dienstagnachmittag wurden Kraft und Schnelligkeit trainiert, und dann gab's wieder ein Spiel, mittwochs meist nur ein Match mit verschiedenen taktischen Aufgaben, am Donnerstag folgten Technik und Taktik; Tore zählten nur, wenn man sich in der eigenen Hälfte befand. Am Freitag fand dann das Abschlusstraining mit Standardsituationen (Flanken, Corner, Freistöße) statt. So lief es die ganze Saison.

20. Februar 1969: Training im Schnee.

Die Wintervorbereitung bestand zunächst aus einem 14-tägigen Trainingslager, in der ersten Woche stand nur Laufen auf dem Programm, in der zweiten dann Krafttraining. Wieder daheim, kam ab der dritten und vierten Woche auch der Ball dazu. Das waren meine ersten Jahre bei Admira.

All das änderte sich grundlegend, als Anton Malatinsky von Spartak Trnava im Juli 1968 zu Admira kam. Malatinsky hatte mit dem slowakischen Club große Erfolge gefeiert. Er war ein exzellenter Trainer und verschärfte das Training um 50 bis 60 Prozent. Es gab damals bei der Admira nur fünf bis sechs Profis, der Rest der Spieler arbeitete und konnte erst gegen 15.30 Uhr am Trainingsplatz sein.
Malatinsky verdoppelte für uns Profis die Übungseinheiten, wir trainierten Dienstag und Donnerstag auch am Vormittag – vor allem Standardsituationen und Zweikämpfe. Dann kamen der Medizinball, die Springschnur und die Bleiwesten auf. Für das Spiel hieß das, dass eine Hälfte von uns Bleiwesten und die andere Medizinbälle tragen mussten. Unsere Hände taten uns von den schweren Bällen unsagbar weh. Danach wurde getauscht. Und dazwischen wurde noch die Springschnur eingesetzt. Bei einem Trainingslager in der ehemaligen Tschechoslowakei mussten wir eineinhalb Stunden im halben Meter hohen Schnee laufen. Als Krafttraining trugen wir einen, manchmal sogar zwei Spieler auf dem Rücken und sollten so sogar noch bergauf rennen – obwohl die Kollegen immer wieder hinunterfielen. Es wurde viel intensiver trainiert, und ich konnte das auch an mei-

nem Körper sehen: Ich war immer sehr dünn, hatte zu Beginn meiner Laufbahn in der Kampfmannschaft 67 Kilo. Im Lauf des Trainings unter Malatinsky baute ich fünf Kilo Muskelmasse auf: Oberkörper, Bauchmuskeln, Oberschenkel, alles wurde breiter. Das Training war zwar sehr hart, aber es zahlte sich aus. Man war auch verletzungsresistenter.

Training bei der Admira, 1971/72.

Unter Trainer Malatinsky praktizierten wir bei der Admira auch schon Pressing (das aktive Erobern des Balls) und Forechecking (den Gegner bereits im Spielaufbau stören) und spielten damit einen modernen Fußball. Bei einem Heimspiel attackierten wir die Gegner, bei einem Auswärtsspiel spielten wir eher defensiver mit Rückzug bis zur Mittelauflage, und von dort aus wurde angegriffen.

Doch als Profi braucht man neben der körperlichen Fitness, der Technik, der Schnelligkeit und der Sprungkraft auch die Fähigkeit, das Spiel zu lesen. Dazu kommen die Ausdauer, auf das Ziel hinzuarbeiten, und die mentale Fähigkeit, Rückschläge schnell wegzustecken und sich jeden Tag aufs Neue zu motivieren. Auch ist es immens wichtig, sich nicht zu hoch einzuschätzen oder sich gar zu überschätzen. Das geht schnell nach hinten los. Wie schon erwähnt: Zu meiner Zeit waren wir mit dem Trainer und den älteren Spielern noch per Sie.

Training mit Trainer Ocwirk und den Kollegen Stachowicz, Hochleuthner, Dokupil, 1972.

EINBERUFUNG INS NATIONALTEAM
UND DER RUF INS AUSLAND

Im April 1969 ging die österreichische Nationalelf auf Tournee: Spiele gegen Zypern, Israel und Malta standen auf dem Programm, wobei jenes gegen Zypern zur WM-Qualifikation für 1970 gehörte.

Kurz davor wurde ich von Teamchef Leopold Stastny, der mich bei der Admira beobachtet hatte, in die österreichische Nationalmannschaft einberufen. Das war unglaublich aufregend für mich. Es gab so viele gute Fußballer damals, und ich als junger, 19-jähriger Spieler wurde nominiert und durfte nun mit Legenden wie Rudi Flögel, Hans Buzek oder Tormann Wilhelm Harreither auf dem Platz stehen.

Mein erstes Länderspiel für Österreich stand also bevor. Am Tag des Abflugs nach Zypern fuhr ich mit der Straßenbahn zum damaligen ÖFB-Treffpunkt in der Mariahilfer Straße, von wo die Mannschaft dann gemeinsam mit dem Bus zum Flughafen Schwechat fuhr.

Es war mein erster Flug. Ich war so aufgeregt und unglaublich stolz, zu diesem Team zu gehören, aber auch voller Angst, dieser Ehre nicht gerecht zu werden oder gar eine schlechte Leistung abzuliefern. Mit den Stammspielern traute ich mich gar nicht zu sprechen, so ehrfürchtig war ich, viele von ihnen waren schon jahrelang meine Idole, und jetzt saß ich neben ihnen. Nun, ich musste auch hier als Jüngster zwar immer die Bälle tragen, aber das machte ich gern.

ÖFB-Treffpunkt vor der Zypern-Tournee mit Helmut Köglberger, Helmut Redl und Johann „Maxl" Geyer.

Gegen Zypern am 19. April 1969 wurde ich als Mittelstürmer aufgestellt. Als ich auf dem Spielfeld stand, war ich in meinem Element und voller Energie, gar nicht mehr schüchtern. Mein erster Treffer in der zwölften Minute wurde allerdings wegen einer Abseitsstellung nicht gegeben. In der 27. Minute folgte ein Zuspiel von Flögel. Ich lief durch die zypriotische Abwehr durch und schoss zum 1:0 ein. Erstes Länderspiel – erstes Tor.

Mein erstes Länderspieltor mit der Nummer 8.

Nicht nur Steine, sondern ganze Felsblöcke fielen von meinem Herzen. Der Einstieg war geschafft. Wir gewannen das Spiel gegen Zypern in Nikosia 2:1.

So ging es dann weiter. Am 23. April 1969 spielten wir in Ramat Gan in der Nähe von Tel Aviv gegen Israel, das Spiel endete 1:1. Einen Flankenball von Metzler köpfelte Buzek ungefähr auf den Elf-Meter-Punkt, und ich schoss volley ins Tor. Vier Tage darauf, am 27., spielten wir in Gzira in Malta – und ich erzielte abermals ein Tor. In meinen ersten drei Länderspielen schoss ich also drei Tore, ich hatte alles gegeben und war so froh und unendlich erleichtert, dieser Einberufung ins Nationalteam gerecht zu werden und dem Teamtrainer sowie der Mannschaft gezeigt zu haben, dass ich gut mitspielen und kämpfen konnte. Der Anfang war geschafft, aber jede Begegnung, bei der ich im Nationalteam spielen durfte, war wieder eine neue Herausforderung.

22. April 1969: Mit den Teamkollegen Friedl Koncilia und Heinrich Strasser in Israel.

Zum Beispiel kurz darauf das Entscheidungsspiel Deutschland gegen Österreich, am 10. Mai 1969 in Nürnberg vor rund 70.000 Zuschauern, das wir durch ein Tor in der 88. Minute leider 1:0 verloren. Gerd Müller schoss das Tor für die BRD. Es war eine riesige Enttäuschung, denn damit war die Qualifikation für die WM 1970 für uns vorbei. Ich war niedergeschlagen. Doch ich konnte mit der Niederlage noch leichter umgehen als so manch anderer Kollege, denn für mich war es erst der Anfang in der Nationalmannschaft. Natürlich wusste ich damals noch nicht, dass ich in meiner Karriere bei insgesamt vier WM-Qualifikationen für das Nationalteam nominiert werden würde.

8. September 1970: Teamtraining unter Teamchef Leopold Stastny.

Teamtraining unter Stastny mit Johann Pirkner, Thomas Parits und Johann „Maxl" Geyer, September 1970.

Beim Training mit Eduard „Edi" Krieger, September 1970.

7. Oktober 1970: Aufstellung beim Länderspiel Österreich gegen Frankreich in Wien: Gerhard Sturmberger, Friedl Koncilia, Hans Schmidradner, Norbert Hof, Helmut Redl, August Starek, Willi Kreuz, Thomas Parits, Josef Hickersberger, Peter Clement, Erich Fak. Wir gewannen das Spiel 1:0 durch ein Tor von mir in der 48. Minute.

Einberufung ins Nationalteam und der Ruf ins Ausland

Mit den Teamkollegen Hannes Demantke und Heinrich „Heini" Strasser.

1. April 1971: Teamtraining in Brunn am Gebirge mit Gustl Starek.

Damals ahnte ich auch noch nicht, dass ein Länderspiel von ganz besonderer Bedeutung für mich werden sollte. Ich spielte nach wie vor als Profi bei Admira, und für den 8. April 1972 war in Brünn ein Länderspiel gegen die CSSR angesetzt. Ich erinnere mich noch, dass ich leicht angeschlagen und nicht ganz fit war, aber trotzdem eingesetzt wurde. Schnell sprach sich herum, dass Trainer von Sparta Rotterdam zur Spielerbeobachtung da seien. Sie seien wegen Johann „Buffy" Ettmayer gekommen. Ich dachte mir nichts dabei und machte mein Spiel. Nach dem Match kamen die Verantwortlichen von Sparta zu mir und teilten mir mit, sie hätten mich spielen sehen und würden mich gern für Sparta Rotterdam verpflichten. Ob ich Interesse hätte. Damit hatte ich nicht gerechnet! Was für eine Frage! Natürlich war ich interessiert. Ich hatte immer davon geträumt, als Profi ins Ausland zu gehen, und arbeitete hart daran, aber dass es dann so unerwartet kam und so schnell ging, war irgendwie nicht real für mich. Man hatte Interesse an mir, und ich dachte mir, das sei *die* Chance, die vielleicht nicht so schnell wiederkommen würde.

Schon eine Woche später trafen wir uns in Wien, um die Details zu besprechen. Nach langen Diskussionen um die Transfersumme und den Vertrag mit unserem Manager, Rudolf Matuschka, und nach beinhartem Feilschen war man sich schließlich einig: 1972 wurde ich von der Admira um drei Millionen Schilling an Sparta Rotterdam verkauft, das war für die damalige Zeit nicht wenig Geld. Ich habe den Verein eigentlich nichts gekostet, es gab da nämlich eine Klausel im Vertrag: Wenn man es vom Nachwuchs in die Kampfmannschaft schafft, erhält der Verein vom Österreichischen Fußball-Bund 60.000 Schilling. Die zweite Klausel lautete: Wenn man es von der Kampfmannschaft ins Na-

tionalteam schafft, bekommt der Verein nochmals 60.000 Schilling. Kurz: Ich hatte dem Verein sogar 120.000 Schilling eingebracht. Trotzdem: Ich war enorm aufgeregt und fieberte danach, endlich den Vertrag zu unterschreiben. Dann der Paukenschlag. Herr Matuschka rief mich zu sich ins Büro und meinte: „Willi, ich muss dir leider mitteilen, dass es mit Sparta doch nichts wird, die wollen dich nicht sechsmal pro Jahr für die Länderspiele abstellen."
Ich erstarrte: „Was? Es war doch schon so gut wie fix."
Ich war am Boden zerstört, denn das war *meine* große Chance. Ich wollte unbedingt zu Sparta Rotterdam und wollte das so nicht hinnehmen. Also löste ich mich aus meiner Schockstarre, und wir überlegten, ob es nicht doch noch irgendeinen Weg geben könnte, um meinen Traum wahr werden zu lassen. Schließlich kamen wir auf eine glorreiche Idee: Wenn ich selbst für das jeweilige Ländermatch absagen würde, würde keiner bestraft werden – weder der ÖFB noch Sparta Rotterdam. So kam der Vertrag dann doch noch zustande, ich bekam einen Zweijahresvertrag und wechselte 1972 als 23-Jähriger nach Holland. Zusätzlich hatte ich mir noch eine Wohnung, die der Verein bezahlen würde, und einen BMW 2002 ausgehandelt.
Allerdings konnte ich durch diese Klausel im Vertrag an rund 20 Länderspielen nicht teilnehmen, was mich immer gestört hat, mich immer sehr geschmerzt hat und mir auch die ganzen Jahre über keine gute Presse brachte, bis ich letztlich dann selbst darum kämpfte, öfter freigestellt zu werden und das auch durchsetzen konnte. Aber zunächst musste ich dem Ruf ins Ausland folgen.

DIE JAHRE IN HOLLAND

1972 hieß es dann also auf nach Holland. Meine Frau, die ich 1970 in der angesagten Diskothek *Scotch* in der Wiener Innenstadt kennengelernt hatte und die damals Sekretärin beim Gegner Rapid war, blieb mit unserer fünf Monate alten Tochter Alexandra vorerst in Wien, bis ich eine Wohnung gefunden hatte.
Ich kam am Flughafen in Amsterdam mit nur einer Reisetasche an – mehr an persönlichen Sachen hatte ich damals eigentlich auch nicht – und wurde dort vom Sparta-Trainer Leo Steegman abgeholt.

24. Juni 1972: Mein erster Tag bei Sparta Rotterdam mit Trainer Leo Steegman.

Mein erster Weg führte mich sogleich ins Stadion – *Het Kasteel* genannt, wo er mich der Mannschaft kurz vorstellte und danach sofort mit dem Training begann. Das Stadion selbst, das älteste Fußballstadion der Niederlande, war schon sehr imposant mit seinen beiden mächtigen Eingangstürmen – wie wenn man ein Schloss oder eine Burg betreten würde. Ich war überwältigt von den vielen Eindrücken, die da auf mich einprasselten.

Vorstellung der neuen Mannschaft.

Die Mannschaft nahm mich zum Glück von Anfang an wohlwollend auf. Trotzdem brauchte es seine Zeit, bis ich meine Schüchternheit ablegte, schließlich war für mich alles neu, ich verstand weder die Sprache noch konnte ich sie sprechen, und es dauerte, bis ich die holländische Fußballersprache halbwegs

beherrschte. Insgesamt war es eine schwierige Anfangszeit für mich, aber ich wollte es dort unbedingt schaffen und dem, was die Verantwortlichen in mir sahen, auch gerecht werden. Der Verein quartierte mich vorerst in einem Hotel in Rotterdam ein, wo ich meine ersten Wochen verbrachte. Nun sah ich erstmals, was es bedeutete, bei einem Profitraining in einem holländischen Erstligaverein mitzumachen: Profis und Halbprofis trainierten täglich einmal, für die Profis kam noch ein Extra-Training am Montag, Dienstag und Donnerstag dazu.
Es gab keinen Zeugwart, man musste sich um alles selbst kümmern. Ich hatte einen Ausrüstungsvertrag bei Puma unterschrieben und bekam dafür etwas Geld und je fünf Garnituren Trainingsgewand, Ausgehgewand, Schuhe, Handtücher etc. Mein Sportoutfit musste ich täglich mit nach Hause nehmen und selbst waschen. Das war ungewohnt und anders als in Wien, aber so lief das dort eben.
In den ersten Wochen holte mich immer ein Mitspieler von meinem Hotel ab, nahm mich mit zum Training und brachte mich mittags wieder zurück; dasselbe Procedere wiederholte sich am Nachmittag.
Endlich fand ich dann eine Wohnung in der Statensingel in Rotterdam, sodass meine Frau mit meiner Tochter zwei Monate später nachkommen und wir Schritt für Schritt in ein geregeltes Leben hineinfinden konnten. Da ich zu jener Zeit noch keinen Führerschein hatte, der in den Vertrag hineinreklamierte BMW 2002 für mich aber schon im Autohaus bereitstand, meldete ich mich gleich in einer Fahrschule an, was sich

aufgrund der Sprachbarriere jedoch nicht so einfach gestaltete. Doch Cor Pot, der auch einer meiner engsten Freunde bei Sparta werden sollte und mit dem ich nach wie vor guten Kontakt habe, unterstützte mich tatkräftig, und so schaffte ich den Führerschein zum Glück beim zweiten Anlauf und konnte endlich mein lang ersehntes erstes Auto abholen.

Insgesamt war die Anfangszeit bei Sparta psychisch und physisch sehr anstrengend für mich, und ich nahm einige Kilo ab. Das Training verlangte mir alles ab, jeden einzelnen Tag.
Eine Woche vor Beginn der Meisterschaft klemmte ich mir dann auch noch einen Nerv im Rücken ein, dies konnte aber durch Massagen und Injektionen etwas gelindert werden. Das erste Spiel gegen den FC Den Haag endete 1:1, ich war zwar nicht in bester Verfassung, kämpfte aber 90 Minuten lang. Im zweiten Match waren die Rückenschmerzen zum Glück schon besser. Das dritte Spiel – gegen den FC Utrecht zu Hause – gewannen wir 6:0, und ich schoss meine ersten zwei Tore für Sparta. Mir fiel ein Stein vom Herzen, und dass ich von der Mannschaft auch am Fußballfeld akzeptiert wurde, war natürlich auch eine große Erleichterung. Schritt für Schritt ging es nun bergauf, mein Rücken war wieder in Ordnung, die ganze Last des Anfangs und der Umstellung fiel von mir ab. Ich lebte mich gut in das Team ein und erzielte im ersten Jahr 15 Tore für Sparta Rotterdam, zwei Tore im Turnier um den nationalen Vereinspokal KNVB Beker und war Sechster in der holländischen Torschützenliste.

Sparta gegen Utrecht, 6:0: Meine erstes Tor für Sparta am 27. August 1972.

In den Mittagspausen unter der Woche nahm ich mir oft die Zeit und ging mit meiner Frau und meiner kleinen Tochter in den nicht weit von unserer Wohnung entfernten Tiergarten, den *Blijdorp Zoo*. Alexandra liebte es, dort ihre Lieblingstiere wie die Seeotter und besonders den sprechenden Beo „Jakob", der uns immer lautstark begrüßte, zu besuchen.

Ich kann mich auch noch gut an eine groteske Situation erinnern, als ich einmal meinen Vereinskollegen Cor Pot mit dem Auto zum Stadion mitnahm und er während der Fahrt plötzlich zu mir sagte: „Willi, wo fährst du denn hin, das ist ja ein Riesenumweg!"

Ich entgegnete ihm: „Wieso, Cor, so fahre ich immer, ich kenne nur diesen Weg."

Er lachte sich kaputt, denn ich fuhr seit mittlerweile einem Jahr einen Umweg von sieben Kilometern zum Stadion und

Die Mannschaft von Sparta Rotterdam.

musste dabei noch immer die passende Zeit erwischen, damit ich bei der Brücke, die sich von Zeit zu Zeit für die Durchfahrt der Schiffe öffnete, nicht noch zehn Minuten zusätzliche Wartezeit hatte. Cor zeigte mir schließlich den direkten Weg zum Stadion – eigentlich musste ich von meiner Wohnung aus nur zweimal ums Eck fahren, und dies, ohne eine Brücke zu überqueren. Ja, so waren sie halt, die Zeiten ohne Navi!

Sparta Rotterdam gegen Ajax Amsterdam, 3:1: Mein Kopfballtor in der 53. Minute, 1972.

Willi Kreuz: Fußball – mein Leben

Mitspieler Henk „Charly" Bosveld jubelt mit mir, Dezember 1972.

Mit dem Kollegen Nol Heijerman.

Im Dress von Sparta.

Ich trainierte hart weiter, motivierte mich täglich neu, gab immer alles und kämpfte in jedem Match um jeden Punkt. Wir waren eine gute Mannschaft, spielten in der Liga aber leider nur um den vierten bis achten Platz mit. Die zwei Jahre vergingen schnell. Ich dachte mir, man würde mich weiter verpflichten, da ich meine Leistung erbrachte und die erwarteten Tore schoss.

Willi Kreuz: Fußball – mein Leben

Immer mit vollem Einsatz …

Sparta Rotterdam gegen FC Amsterdam.

Sparta gegen Twente.

Doch gegen Ende der Saison eröffneten mir die Clubverantwortlichen, es täte ihnen sehr leid, aber sie müssten mich verkaufen, da sie, um den Verein zu erhalten, Geld brauchten. Ich war bitter enttäuscht, denn ich hatte sehr viel Energie und Herzblut in meine sportliche, körperliche und persönliche Weiterentwicklung investiert. Auch in die Mannschaft war ich gut integriert, und privat fühlten sich meine Familie und ich in Holland sehr wohl und gut angekommen, wir hatten viele Freunde gefunden. Wir konnten uns nun schon recht passabel verständigen, meine Tochter wurde zweisprachig erzogen. Und das alles sollte jetzt schon wieder vorbei sein? Ich war verzweifelt. Meine Kollegen unterstützten mich, gingen sogar zum Vorstand und traten für meinen Verbleib ein – vergeblich.

Mannschaftsfoto Sparta, 1973/74.

Ich wusste also nicht, wie es nach dieser Saison weitergehen sollte. Alles war ungewiss. Sollte mein Profileben im Ausland schon wieder vorbei sein? Ich suchte fieberhaft nach irgendwelchen Möglichkeiten. Einmal in dieser Zeit erhielt ich über meinen Manager ein Angebot von OGC Nizza mit einem Fünfjahresvertrag, dazu einen hohen Verdienst und eine bezahlte Wohnung. Das klang unglaublich gut, wäre zwar wieder in einem anderen Land und wieder ein Neubeginn gewesen, aber ich musste irgendwie weitermachen. Ich besprach es mit meiner Frau – wir wollten das Angebot annehmen. Es gab nur leider einen Haken an der Sache. Der Club hatte einen holländischen Stürmer, Dick van Dijk, der bei Ajax Amsterdam gespielt hatte, und man wollte ihn für mich eintauschen, doch nicht genug draufzahlen. Kurz: Nizza kam nicht zustande. Wieder eine Enttäuschung. Ich erlebte eine Achterbahn der Gefühle, war nun erneut in Warteposition, spielte meine Saison bei Sparta Rotterdam zu Ende – und hoffte auf ein Wunder.

In dieser Zeit tauchten in den Zeitungen Meldungen auf, dass ich zum Stadtkonkurrenten Feyenoord Rotterdam wechseln würde. Ich selbst wusste bislang nichts davon, war aber, wie man sich vorstellen kann, allein vom Gedanken an eine derartige Möglichkeit sehr angetan. Feyenoord war 1973/74 niederländischer Meister und 1974 UEFA-Cup-Sieger unter Wiel Coerver, der sich aufgrund seiner fortschrittlichen Trainingsmethoden einen Namen gemacht hatte.
Die Gerüchte verdichteten sich, und kurz darauf erhielt ich tatsächlich einen Anruf vom Vorstand des Vereins: Ob ich Interesse hätte, zu ihnen zu wechseln. Sie würden mich gern verpflichten. Ich war total enthusiastisch, wollte natürlich liebend gern bei einem so prominenten Fußballverein spielen, und zudem könnten wir dann auch in Holland bleiben.
Eigenartigerweise lehnte es Feyenoord Rotterdam allerdings ab, dass ich zu den ersten Gesprächen mit einem Manager kommen wollte. Daher ersuchte ich meine Frau, die als ehemalige Sekretärin bei Rapid viel Erfahrung mit Spielerverträgen hatte, sich gemeinsam mit mir um den Vertrag und auch die finanzielle Seite zu kümmern. Der Verein akzeptierte unsere Forderungen, und so unterschrieb ich einen Dreijahresvertrag bei Feyenoord Rotterdam.

Vertragsunterzeichnung bei Sportclub Feyenoord 1974 mit Manager Guus Brox.

Leider stellte Feyenoord uns keine Wohnung zur Verfügung. Wir blieben daher noch einige Zeit in unserem Apartment in der Statensingel, wussten aber, dass wir dort nicht mehr allzu lange bleiben konnten, da es ja von Sparta Rotterdam zur Verfügung gestellt wurde. Die meisten Mannschaftskollegen von Feyenoord lebten in Hendrik-Ido-Ambacht, einem Dorf nahe Rotterdam, das nur 15 Autominuten vom Feyenoord-Stadion entfernt ist, und gaben uns den Tipp, dort nach etwas Passendem zu suchen. Schließlich wurden wir fündig und kauften um 120.000 Gulden ein schönes kleines Reihenhaus. Es lag in einer ruhigen Straße, wir hatten sehr nette Nachbarn, und in unmittelbarer Nähe war ein Kindergarten, eine *kleuterschool*.

Mit meinem Wechsel zu Feyenoord Rotterdam kam ich in eine technisch außerordentlich perfekte Mannschaft. Es standen nur Profis unter Vertrag. Wiel Coerver war von 1973 bis 1975 Trainer, und er legte viel Wert auf exzellente Ballbeherrschung und die darauf basierende Technik. Passen und Annahme sowie „1 gegen 1"-Angriff und -Verteidigung wurden ebenso oft trainiert. Daraus entwickelte er später sein bekanntes Trainingskonzept, die Coerver-Pyramide, die die weitere Entwicklung des Weltfußballs nachhaltig prägte und in vielen großen Fußballclubs (z. B. Manchester United) im Nachwuchs- und Profitraining eingesetzt wurde und wird.

Ansonsten war das Prozedere ähnlich wie bei Sparta Rotterdam: kein Zeugwart, neuer Ausrüstervertrag, tägliches Training, kein freier Tag, fast das ganze Jahr hindurch. Es war kein Wunder: Bei jedem Heimspiel von Feyenoord Rotterdam waren um die 50.000 Zuschauer im Stadion – immerhin spielten wir immer um den Meistertitel, und die Fans erwarteten sich Top-Leistungen von uns. Mein Leben bestand bald nur noch aus Trainieren und den Spielen am Wochenende. Nur zu Mittag ging ich mit meiner Tochter nach wie vor oft in den Tiergarten – schließlich warteten der Beo und die Otter.

Ich sprach mittlerweile gut Holländisch, und auch die Kollegen kannten mich bereits. Aber da waren auch Stars wie Willem „Wim" van Hanegem oder Wim Jansen in der Mannschaft. Und von diesen Fußballern bekam ich ein Jahr lang keinen einzigen Ball. Man ließ mich spüren, dass ich einen von ihnen, nämlich Lex Schoenmaker, hinausgedrängt hatte. So forcierte man mich nicht: Ich hatte einen anderen Spielstil als er, und sie glaubten, dass er sowieso bald wieder zurückkäme.

Aber ich wollte mir und auch allen in Österreich beweisen, dass ich es schaffen würde. Allen Leuten, die mir immer prophezeit hatten, dass mir der Sprung ins Ausland nicht gelingen und ich sowieso wieder bald zurückkommen würde. Das war mein Antrieb. Ich hatte bei Sparta gut gespielt und war nun beim Sportclub Feyenoord. Die große Chance, die ich nutzen wollte. Es war mein Ziel und mein Anspruch an mich selbst, mich ständig zu verbessern und dazuzulernen. Fußball war immer meine Leidenschaft. Ich gab mich nie damit zufrieden, nur Ersatz zu sein. Ich wollte bei jedem Match dabei sein, bei Feyenoord als Mittelstürmer mit der Nummer 9. Wenn ich mal nicht spielen konnte, war ich wütend auf mich selbst. Mit dieser Einstellung und meinem eisernen Willen, zu arbeiten und mich weiterzuentwickeln, blieb ich dran und kämpfte mich durch diese erste, gnadenlos harte Zeit bei diesem Verein.

Bei Feyenoord Rotterdam mit der Nummer 9.

Feyenoord gegen Sparta: Im Duell mit meinem ehemaligen Spielerkollegen und guten Freund Dries Visser, 1974/75.

Im Zweikampf mit Dries Visser.

Willi Kreuz: Fußball – mein Leben

1. Dezember 1974: Feyenoord gegen Excelsior, 2:1.

Szene aus einem Meisterschaftsspiel, 1974/75.

1974/75: Schlagerspiel Feyenoord Rotterdam gegen Ajax Amsterdam.

Es war vor allem Willem van Hanegem, dem absolut nichts passte, was ich beim Training oder im Match ablieferte. Das ging so weit, dass er den Zuschauern bei jedem Spiel jeden kleinsten Fehler, den ich machte, durch abwertende Gesten andeutete und mich damit bloßstellte. Einmal kam er während des Matches am Spielfeld auf mich zu und packte mich am Arm, weil ich ein Tor geschossen hatte, das ihm von der Art her nicht gefallen hatte. Ich hatte sowas bislang noch nie erlebt. Ich dachte immer, wenn ich gut spiele und Tore schieße, würde ich für die Mannschaft wertvoll sein. Ich war verzweifelt und wusste eigentlich nach den ersten paar Spielen nicht, wie das weitergehen könnte beziehungsweise wie ich das psychisch durchhalten sollte. Gerade erst war mein Traum in Erfüllung gegangen, bei einer der besten europäischen Mannschaften zu spielen. Ich hatte schon zuvor geahnt, dass der Wechsel nicht einfach werden würde, aber dass es so ausarten würde, auf das war ich nicht vorbereitet. Es war einer der größten persönlichen Lernprozesse für mich. Aber welche Wahl hatte ich? Kämpfen oder Aufgeben? Ich entschied mich dafür, weiterzukämpfen, gab jedes Mal mein Bestes, versuchte, mich nicht unterkriegen zu lassen, und trotz der Tatsache, dass sie mir keinen Ball zuspielten, erzielte ich im ersten Jahr (1974/75) 21 Tore, war Torschützenkönig von Feyenoord und lag an dritter Stelle der holländischen Torschützenliste.

Nach diesem für mich persönlich sehr schwierigen Jahr, in dem ich an die Grenzen meiner psychischen Belastbarkeit gekommen war, wurde ich von der Mannschaft dann endlich voll akzeptiert. Und das ging auch die weiteren drei Jahre, die ich noch für Feyenoord spielen sollte, so weiter. Mit meinem Spielerkollegen Dick Schneider und dessen Familie verband meine Frau und mich mittlerweile eine gute Freundschaft, er wohnte auch in unmittelbarer Nähe von uns. Ich lebte in dieser Zeit sehr sportlich, ernährte mich gesund und rauchte nicht. Ich gab immer 100 Prozent und mehr in diesem besonderen Fußballteam – mein Einsatz war enorm. Auch stand ich mit ein paar anderen Spielern zumeist 20 Minuten vor Trainingsbeginn auf dem Platz, so wie Trainer Coerver das einforderte, um die Ballbeherrschung und seine Technikvorgaben zu trainieren. Unentwegt versuchte er, zu verbessern und zu optimieren, ständig analysierte er unser Spiel.

Einmal kam er zu mir und meinte: „Willi, du musst schneller sprinten, besorg dir eine Rasenmatte für die Garage und mach dort zehn bis 15 Sprints am Tag."

Natürlich befolgte ich seine Anweisung – und wurde kontinuierlich spritziger. In den Saisonen 1974/75 und 1975/76 wurde ich mit Feyenoord Vizemeister.

Die Jahre in Holland

Die Mannschaft von Feyenoord in der Saison 1975/76.

Voller Einsatz ...

Im Spieleifer bei Feyenoord, 1975/76.

Kopfballduell ...

Feyenoord gegen Sparta.

Ich entwickelte mich ständig weiter und schoss meine Tore; im Europapokal der Landesmeister 1974/75 erzielte ich für Feyenoord Rotterdam vier Treffer gegen den nordirischen Meister, den FC Coleraine, wo wir 7:0 beim Hinspiel und 4:1 beim Rückspiel gewannen. Gegen Barcelona schieden wir leider aus (zu Hause 0:0, auswärts 3:0 für Barcelona).

Nachdem Wiel Coerver weiterzogen war, trainierte ich unter dem polnischen Trainer Antoni Brzeżańczyk (1975/76) und danach ein paar Monate interimistisch unter Ad Zonderland, der vom Serben Vujadin Boškov (1976 bis 1978) – selbst vor seiner Trainerzeit ein begnadeter Spieler – abgelöst wurde.

Ich kann mich noch gut erinnern, dass Wim van Hanegem in der Ära von Trainer Boškov vom Schiedsrichter für vier Spiele gesperrt wurde, weil er diesen kritisiert und beleidigt hatte. Darauf setzte mich Boškov an Wims Position ins Mittelfeld – und wir gewannen diese vier Begegnungen. Wenig später erklärte Boškov Hanegem, dass er ihn nicht mehr an seinem angestammten Platz aufstellen würde, da eine Mannschaftskonstellation, die viermal hintereinander gewonnen hat, nicht verändert werden soll. Somit war mir ein bisschen Gerechtigkeit widerfahren, nach all den Schwierigkeiten mit Hanegem. Der aber wollte das so nicht hinnehmen, verließ 1976 den Verein und ging für drei Jahre zu AZ Alkmaar. Auch da traf ich ihn wieder am Spielfeld, aber diesmal als Gegner. Ich kann mich sogar noch ganz genau an das Datum erinnern: Am 12. März 1978 spielte Feyenoord gegen Alkmaar. Als es 1:0 für Alkmaar stand, versuchte Hanegem wieder, mich am Spielfeld zu brüskieren, aber diesmal war ich gewappnet. Ich schoss den Ausgleich mit einem Fallrückzieher, *omhaal*, wie die Holländer sagen. Es war das Tor des Jahres 1978. Und darauf traf ich noch zum 2:1. Das wollte Hanegem so jedoch nicht stehen lassen, und Alkmaar schaffte noch den Ausgleich. Allerdings muss ich eines betonen: Er war nur auf dem Rasen so ungut, privat zeigte er – nach den Anfangsjahren – keine Starallüren und auch keine Eifersucht, und wir fanden schließlich zu einem normalen, freundschaftlichen Umgang miteinander.

12. März 1978: Feyenoord gegen AZ Alkmaar: Der Fallrückzieher – omhaal – zum 1:1 (Tor des Jahres 1978 in Holland).

Die Jahre in Holland

Mannschaftsfoto Feyenoord, 1976/77.

UEFA-Cup 1976/77: Feyenoord gegen Espanyol Barcelona in Rotterdam (2:0; 1. Tor Kreuz).

Mannschaftsfoto Feyenoord, 1977/78.

Nachdem die drei Jahre bei Feyenoord vorbei waren, wollte mich der Verein weiter verpflichten. Ich wollte einen Zweijahresvertrag, sie boten mir aber nur einen Einjahresvertrag an, den ich zuerst nicht annehmen wollte. Nach einigen Verhandlungsrunden unterschrieb ich schließlich doch für ein Jahr, unter der Bedingung, dass ich um einen bestimmten Betrag wechseln könnte – um 200.000 Gulden nach Österreich und um 400.000 Gulden ins restliche Ausland.

Harter Kampf um den Ball, 1977/78.

Die Jahre in Holland

Spielszene, 1977/78.

Zu Hause in Hendrik-Ido-Ambacht.

Trainingsmethodik in Holland

Erst bei meinem Wechsel nach Holland zu Sparta Rotterdam habe ich erkannt, was es bedeutet, ein Fußballprofi zu sein. Die Trainingsmethoden bei Sparta waren zwar ähnlich wie in Österreich, aber die Intensität des Trainings war um 50 Prozent höher. Wie schon erwähnt: Profis und Halbprofis trainierten täglich einmal, für die Profis kam noch ein Extra-Training am Montag, Dienstag und Donnerstag dazu. Wieder nahm ich an Muskelmasse zu, bis ich mein Idealgewicht von 75 Kilo erreichte, das ich bis zum Ende meiner aktiven Laufbahn gehalten habe.

Training bei Sparta Rotterdam.

Im Trainingslager von Sparta.

Die Mannschaft von Sparta im Trainingslager.

Bei Feyenoord waren alle 22 Mann im Kader Profis, und da erlebte ich dann nochmal eine Steigerung der Intensität des Trainings. Die Meisterschaftsspiele fanden immer am Sonntag um 14 Uhr statt. Montags um 8.30 Uhr standen wir schon wieder auf dem Platz. Wir spielten in dieser Liga bei jedem Match vor rund 50.000 bis 60.000 Zuschauern, denen man natürlich guten Fußball bieten musste und auch wollte.

Von Montag bis Samstag wurde zweimal täglich trainiert, sonntags fand das Meisterschaftsspiel statt. Sogar am 24. Dezember trainierten wir vormittags. Wir hatten auch eine Laufstrecke im Wald, es waren so um die sieben Kilometer, die wir zum Auslaufen nutzten. Davor wurden Kraft, Ausdauer und Schnelligkeit geübt, dazu sehr viel Taktik mit dem Ball. Schon damals spielten wir auf vier kleine Tore, was bei uns in Österreich erst in den 2000er-Jahren aufgekommen ist. Das hatte der ehemalige Trainer von Feyenoord Rotterdam, Ernst Happel, der vor meiner Zeit bei Feyenoord war, eingeführt. Das Augenmerk wurde auf zwei Kontakte gelegt – zweimal berühren und Seitenwechsel, und das alles immer im höchsten Tempo. Pausen waren keine drin. Nebenbei bemerkt: Ich trug in meiner Spielerkarriere nie Schienbeinschoner, da sie mich immer störten und ich sie als sehr unangenehm empfand. Ich steckte mir stattdessen Schaumstoff in die Stutzen. Das reichte und war besser für mein Spielgefühl. Erst als sie ca. 1990 Pflicht wurden, verwendete ich sie.

Die Meisterschaft startete im August und dauerte ungefähr bis Mitte Mai, dann hatten wir einen Monat frei, ehe es in die Vorbereitungszeit mit täglich zweimaligem Training und zwei Wochen Trainingslager ging. Auch den Winter über spielten wir durch, denn es gab keine Winterpause. Dann begann alles wieder von vorn.
Das 14-tägige Trainingslager bei Feyenoord gestaltete sich so: Aufstehen um sieben Uhr, 50 Minuten Waldlauf, dann Frühstück. Von zehn bis zwölf Training. Danach Mittagsruhe. Am Nachmittag wurden zum Kraftaufbau Medizinbälle und Hanteln eingesetzt. Es gab eigentlich noch keine Kraftkammer, so wie man sie heute kennt. Bei diesem ersten Trainingslager habe ich gleich fünf Kilo abgenommen. Danach folgte eine

dreitägige Regenerationspause, und dann ging's wieder los: Im August begann die Meisterschaft.

Insgesamt bestritten wir pro Jahr 34 Meisterschaftsspiele, drei Turniere, den Cup und den Europacup. Also 50 bis 60 Spiele. Vier Jahre lang ging das so dahin. Wenn ein neuer Trainer kam, waren die Trainingsmethoden ähnlich, aber jeder Coach wollte natürlich seine eigenen Ideen umsetzen und hatte unterschiedliche Visionen.

Hartes Training bei Feyenoord.

WM-QUALIFIKATIONEN
FÜR 1974 UND 1978

Parallel zu meiner Zeit in den Niederlanden liefen auch die Spiele der österreichischen Nationalmannschaft und jene für die WM-Qualifikationen weiter. Wie schon erwähnt, konnte ich aufgrund meiner Verträge mit Sparta Rotterdam und Feyenoord Rotterdam nicht bei allen Spielen für Österreich dabei sein, aber der SC Feyenoord stellte mich dann zum Glück doch öfter fürs Team ab, da die Holländer ihre Qualifikationsrunden meist zu ähnlichen Terminen absolvierten.

Das WM-Qualifikationsspiel Schweden gegen Österreich am 23. Mai 1973 endete 3:2 (Tore für Österreich Kurt Jara, August Starek).

Leider ging mein Kopfball nur an die Torstange.

Für die WM 1974 spielten wir als österreichisches Nationalteam unter Teamchef Leopold Stastny eine gute Qualifikation und gewannen bis auf das Spiel gegen Schweden am 23. Mai 1973 insgesamt drei Matches, zwei endeten unentschieden.

WM-Qualifikationen für 1974 und 1978

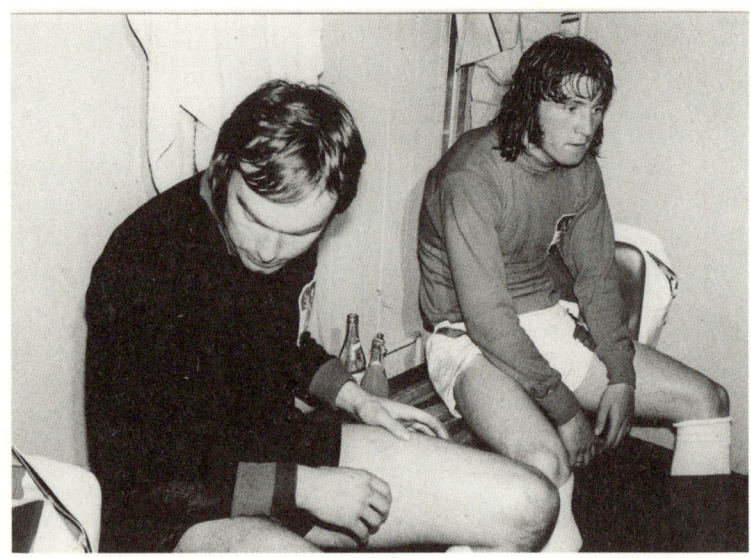

Nach der Begegnung gegen die Schweden herrschte Enttäuschung über die bittere Niederlage (im Bild mit Herbert Stachowicz).

Da Österreich und Schweden die WM-Qualifikationsgruppe 1 mit je acht Punkten und der identen Tordifferenz (15:8 bzw. 14:7; die Anzahl der erzielten Treffer spielte keine Rolle) abgeschlossen hatten, kam es am 27. November 1973 zum Entscheidungsspiel gegen Schweden auf neutralem Boden in Gelsenkirchen.

Unsere und aller Erwartungen waren sehr hoch. Die Spieler waren schon zwei bis drei Tage vorher angereist. Keiner konnte richtig schlafen. Die Anspannung war extrem hoch. Die Gedanken kreisten die ganze Zeit um Sieg oder Niederlage. Bei einem Sieg wären wir bei der WM dabei. Bei einer Niederlage müssten wir weitere vier Jahre bis zur nächsten Gelegenheit warten.

Es hatte geschneit, und daher war es auf dem rutschigen Boden sehr schwierig zu spielen. Wir waren zwar spielerisch die bessere Mannschaft, hatten auch gute Chancen, schafften es aber dennoch nicht, die nötigen Tore zu schießen. Die Schweden führten bereits nach der 28. Minute mit 2:0. Hattenberger köpfelte in der 31. Minute zum 2:1. Wir kämpften unbändig weiter, wollten unbedingt zumindest den Ausgleich schaffen, um im Nachspiel noch eine Chance zu haben. Es gelang uns nicht. Wir verloren das Entscheidungsspiel 2:1. Die Enttäuschung in der Mannschaft und bei Teamchef Leopold Stastny war riesengroß.

Es war eine bittere Niederlage, wir saßen mit hängenden Köpfen in der Kabine. Speziell die älteren Spieler waren betroffen, weil sie wussten, dass dies für sie die letzte Möglichkeit gewesen war, an einer WM teilzunehmen. Tränen flossen, der ganze Druck der vorherigen Tage musste raus. Es war sehr schwer für mich, ihre Enttäuschung mitanzusehen und zu verkraften. Ich hatte das Ganze bereits bei der WM-Qualifikation 1970 miterlebt, und diesmal ging es auch bei mir tiefer – aber als junger Fußballer hatte ich das Glück, nach dem Spiel nach Holland zurückkehren zu können, wo meine Karriere gerade erst richtig begann. Ich musste mir die Kritik also nicht so zu Herzen nehmen. Meiner Meinung nach konnte man uns nichts vorwerfen, wir hatten alles gegeben und unglücklich und knapp verloren. Aber es war eine bittere Erfahrung.

Vor dem Match passierte etwas für mich völlig Unerwartetes: Die gesamte Mannschaft meines Vereins Sparta Rotterdam hatte sich einen Bus gemietet und war samt Coach Leo Steegman nach Gelsenkirchen gefahren, um mich anzufeuern. Der Trainer kam vor dem Match sogar noch zu mir und wünschte mir alles Gute. Das war schon eine besondere Anerkennung, die ich bis heute in Erinnerung habe, zumal ich noch nicht so lange dort spielte. Leider war das Glück aber nicht auf unserer Seite.

Leopold Stastny, österreichischer Teamchef bis 1975, war für mich persönlich nicht nur einer der besten, sondern auch einer der humorvollsten Trainer. Er hatte immer einen Streich auf Lager: Er mochte zum Beispiel keine Schnauzbärte – einmal schnitt mir Teammasseur Peppi Flenner im Flugzeug, als ich eingenickt war, unter Anleitung von Stastny meinen Bart ab, sodass ich ihn dann ganz abrasieren musste.
Bei einem Freundschaftsspiel Türkei gegen Österreich fuhr ich mit Herbert „Schneckerl" Prohaska und dem Teamchef zusammen im Lift, als Stastny plötzlich zu Schneckerl sagte: „Wenn du morgen spielen willst, dann musst du dir den Schnauzer abrasieren."
Herbert fragte mich, ob er das ernst meine, rasierte sich den Bart aber sicherheitshalber ab, um wirklich am nächsten Tag sein erstes Länderspiel in Istanbul absolvieren zu können (13. November 1974). Dies hätte er aber aufgrund seines Könnens wohl auch mit Bart bestritten.

Einmal legte Stastny bei einem Trainingslager in der Hotellobby einen Haufen Hundekot aus Plastik auf den Boden, setzte sich dann mit einer Zeitung gemütlich in einen Fauteuil und beobachtete die Leute dabei, wie sie darauf reagierten. Manche beschwerten sich gleich bei der Rezeption, andere grinsten. Er war immer für einen Schmäh zu haben und konnte sich köstlich darüber amüsieren.

Es kam auch schon mal vor, dass er Spielern ein Bonbon anbot, in das er Pfeffer gegeben hatte. Im Gartenbaukino in Wien musste einer der Spieler einmal ein Furzkissen aufblasen und es – als alles ruhig war – loslassen. Die Leute beschwerten sich natürlich, aber Stastny und die Mannschaft hatten ihren Spaß.

Privat kam es 1975 zu einer schwierigen Situation in meinem Leben: Meine Frau war wieder schwanger, und mein zweites Kind musste einen Monat vor dem Geburtstermin per Kaiserschnitt geholt werden, da es Komplikationen mit der Nabelschnur gab. Meine Tochter Olivia war sehr klein, musste vier Wochen im Spital bleiben und künstlich ernährt werden, bis sie endlich nach Hause durfte. Glücklicherweise ging alles gut.

Für die Qualifikation für die WM 1978 hatten wir eine ziemlich gute Auslosung, die aber trotzdem nicht leicht war. Teamchef war damals Helmut Senekowitsch. Viele hervorragende Spieler wie Gustl Starek, Johann Ettmayer oder Franz Hasil hatten ihre Nationalteamkarriere bereits beendet. Dafür kamen Herbert Prohaska und Hans Krankl neu ins Team, beide

Ankunft in Wien-Schwechat am 20. September 1976 für das Länderspiel gegen die Schweiz, das zwei Tage später in Linz stattfand.

noch sehr jung. Ich war damals 28 Jahre alt. Ich nahm die beiden Neulinge unter meine Fittiche und versuchte, sie gut in die Nationalmannschaft zu integrieren. Viele Legionäre, darunter auch ich, wurden zu den Qualifikationsspielen aber gar nicht einberufen.

Unser erstes Match in Gzira gegen Malta am 5. Dezember 1976 ging 0:1 aus. Gegen die Türkei spielten wir am 17. April 1977 in Wien 1:0. Das Retourspiel am 30. April 1977 gegen Malta in Salzburg gewannen wir 9:0 – sechs Tore gingen auf das Konto von Hans Krankl.

Die Legionäre Hattenberger, Kreuz, Krieger und Jara.

Am 24. September 1977 war ich endlich wieder dabei, wir spielten zu Hause in Wien vor rund 72.000 begeisterten Zuschauern gegen die DDR. Ich erzielte in der achten Minute das 1:0. Wir waren klar die bessere Mannschaft, hatten aber einen eigenwilligen Schiedsrichter, den Waliser Tom Reynolds, der, nachdem Koncilia einige Schritte machte, ohne den Ball zwischendurch auf den Boden zu werfen, einen indirekten Freistoß gab, den Martin Hoffmann in der 39. Minute für die DDR

Einspruch gegen Schiedsrichter Reynolds' Entscheidung.

zum Ausgleich verwertete. In der 86. Minute gab er das Kopfballtor von Krankl wegen passiven Abseits nicht und zeigte ihm wegen Kritisierens die Rote Karte.

Es war einfach unglaublich, ich erinnere mich noch gut an diese Begegnung. Wir legten Protest ein, aber es nützte nichts. So endete die Partie nur 1:1. Wir waren natürlich enttäuscht. Schiedsrichter Reynolds kam für diese Fehlentscheidung bei der FIFA zwar nicht ungeschoren davon, aber wir hatten nichts mehr davon.
Das Rückspiel gegen die DDR auswärts fand am 12. Oktober 1977 statt, und auch das ging wieder unentschieden (1:1) aus.

Um fix bei der WM dabei zu sein, war nun unbedingt ein Sieg gegen die Türkei in Izmir am 30. Oktober 1977 notwendig. Es war ein Spiel mit einem hohen Belastungsfaktor und hatte in Bezug auf dubiose Vorfälle Seltenheitswert. Wir kamen im Hotel an, und es begann damit, dass man uns einen türkischen Koch vorsetzte. Wir hatten auch diesmal unseren eigenen Koch, Georg Pesek, mit, denn man konnte davon ausgehen, dass wir die türkischen Speisen nicht so gut wie unser gewohntes Essen vertragen würden. Da unser Koch nicht erwünscht war, kam es gleich am ersten Tag zu Raufereien in der Küche. Der türkische Koch ging mit dem Messer auf uns los. Aber letztendlich konnten wir uns durchsetzen, und Georg versorgte uns während unseres ganzen Aufenthalts mit seinem guten Essen.

Dazu kam, dass vor unserem Hotel von 22 Uhr abends bis sechs Uhr früh laut Musik gespielt und gesungen wurde. Ständig gab es Krawalle von einheimischen Fans im und vor dem Hotel, damit unser Schlaf gestört werden sollte bzw. wir gar nicht schlafen konnten. Es war nicht sehr fair. Am Tag des Spiels fuhren wir mit unserem Zeugwart Helmut Legenstein, der schon bei über 100 Länderspielen dabei gewesen war, zum Stadion und packten unsere Taschen aus: Wir hatten zwei Garnituren rote Dressen mit. Die Heimmannschaft konnte sich aber aussuchen, mit welchen Trikots sie spielen wollte – und sie wollte unbedingt in Rot antreten. Es folgte eine hitzige Debatte, die türkischen Verantwortlichen bestanden jedoch auf ihren roten Dressen. Sie halfen uns dann mit Trikots aus, die sie aus irgendeinem Keller hervorgeholt hatten. Sie griffen sich an wie Jutesäcke, waren weiß mit einem roten Balken, auf der Brust prangte ein Türkenstern, den sie aber netterweise entfernten.

Die Trikots waren feucht und stanken fürchterlich. Es war unmöglich, in so was zu spielen und damit eine gute Leistung zu erbringen. Uns blieb letztendlich aber nichts anderes über.
Am Spieltag hatte es an die 30 Grad. Unsere Gedanken kreisten um Sieg oder Niederlage, der enorme Leistungsdruck und die Angst, zu versagen, beherrschten uns. Wir mussten gewinnen. Ich hatte wieder die Begegnung in Gelsenkirchen vor Augen, versuchte, den damaligen Ausgang und die Enttäuschung zu vergessen und mich mental auf Erfolg zu programmieren. Auch die Sache mit den Trikots hätte uns aus der Ruhe bringen können und sollen – wir mussten das alles ausblenden. Die Türkei war uns klar überlegen. Wir hatten kaum Chancen.

Aber wir kämpften weiter. Aus einem Corner köpfelte ein türkischer Spieler an die Stange und von dort Torwart Koncilia in die Arme, der sofort reagierte und Hans Krankl auf der linken Seite anspielte. Und der marschierte an der linken Flanke unaufhaltsam in Richtung Tor der Türken.
Mit ihm waren Herbert Prohaska und ich mitgelaufen. Knapp vor der Toroutlinie erfolgte die Hereingabe zur Mitte auf mich. Ein Verteidiger fälschte den Ball ab, Torhüter Eser Özaltindere wurde überrascht, und die rechte Fußspitze von Herbert Prohaska, der hinter mir auftauchte, verwertete den Ball mit seinem berühmten Spitz, dem legendären *Spitz von Izmir*. In der 72. Minute führten wir 1:0. Es war ein unglaubliches Gefühl. Schneckerl lief die Kurve und wir alle hinterher.

WM-Qualifikation Türkei gegen Österreich in Izmir.

In den letzten 25 Spielminuten bewarfen uns die türkischen Fans mit Orangen und Steinen, einer von uns erlitt sogar ein Cut im Gesicht. Aber wir wussten alle: Das ist jetzt unsere Chance, Geschichte zu schreiben. Wir waren im Flow, und durch Dauerdruck brachten wir das Spiel die letzten Minuten über die Runden und konnten uns nach 20 Jahren und vier WM-Qualifikationen das erste Mal wieder für eine Weltmeisterschaft qualifizieren. Ein für uns alle und ganz Österreich besonderer Tag und ein historisches Ereignis! Es war ein unglaublicher Moment, ein Traum, der in Erfüllung gegangen war.

Leider wurde ich aus dieser Euphorie sehr schnell in die Realität zurückversetzt, da mich kurze Zeit danach ein Schicksalsschlag ereilte: Meine Mutter verstarb unerwartet im Alter von 70 Jahren. Ich war zu der Zeit in Holland, 28 Jahre alt, erfuhr an einem Dienstag, dass am Mittwoch das Begräbnis sei, flog mit dem nächsten Flugzeug nach Wien und nach der Trauerfeier gleich wieder zurück nach Holland. Denn am Wochenende fand das nächste große Match statt. Der Trainer stellte mir zwar frei, ob ich spielen wollte oder nicht, aber ich wollte unbedingt dabei sein; auch um mich von dem schmerzhaften Verlust abzulenken. Wir gewannen, und ich erzielte auch ein Tor. Ich freute mich natürlich, aber der Tod meiner Mutter ließ mich schnell wieder in der Wirklichkeit ankommen, und diesmal ließ ich meine Trauer zu und weinte stundenlang. Meine Kollegen versuchten ihr Bestes, um mich zu trösten. Es war eine sehr traurige Zeit für mich. Mein Vater war nun allein, ich telefonierte einmal in der Woche mit ihm und schickte ihm ein bisschen Geld. Meine Mutter hatte oft gesagt, wenn sie vor ihm ginge, würde sie ihn gleich zu sich nachholen, was auch so geschehen sollte. Nur einige Monate später, im April 1978, verstarb leider auch mein Vater. Er war so stolz auf mich gewesen, und er hätte so gern die WM miterlebt, aber es sollte nicht sein. Wieder flog ich zu einem Begräbnis nach Wien. Meine Eltern hatten ein sehr hartes, arbeitsames Leben und konnten sich kaum jemals etwas leisten – auch um uns Kinder durchzubringen. Ich unterstützte sie, sobald ich dies konnte, schickte ihnen auch Geld für einen Urlaub, aber sie wollten nicht wegfahren. Mein Vater kaufte sich von dem Geld lieber ein Boot, eine Zille. 3000 Schilling hatte sie gekostet, und in den heißen Sommern ruderte er mit meiner Mutter immer auf der Alten Donau. Ich wusste, dass sie zumindest die letzten Jahre noch eine schöne Zeit zusammen gehabt hatten, und fand darin ein wenig Trost über ihren für mich sehr frühen Verlust. Es musste weitergehen …

Kurz bevor die WM losging, spielten wir am 20. Mai 1978 noch ein Freundschaftsspiel gegen Holland in Wien, das wir 0:1 verloren.

Österreich gegen Holland: Sara, Koncilia, Pezzey, Prohaska, Krankl, Kreuz, Breitenberger, Hattenberger, Obermayer, Happich, Jara.

Im Duell gegen meinen holländischen Klubkollegen Wim Rijsbergen.

DIE WM 1978 IN ARGENTINIEN

Es war eine Ausnahmezeit. Die Euphorie über unsere WM-Teilnahme war im ganzen Land zu spüren. Wir waren in aller Munde, wurden interviewt, die Zeitungen waren voll von Berichten über uns Spieler. Wir wurden überall erkannt und angesprochen, durften viele Autogramme schreiben. Ein unbeschreibliches, besonderes, aber auch etwas surreales Gefühl. Endlich war es dann so weit. Vor unserem Abflug waren noch ein Trainingslager in Kagran im Eisenbahnerheim und eines in der Sportschule Lindabrunn angesetzt. Ausnahmslos alle Spieler waren anwesend. Zusätzlich gab es Presse- und Fototermine sowie Treffen mit diversen Sponsoren. Die positive Aufregung im Team war groß, wir fieberten dem WM-Start entgegen.
Der Tag X kam, es ging von der Sportschule mit dem Bus zum Flughafen Wien-Schwechat, wo wir in die Maschine nach Argentinien stiegen, aufgedreht und voll freudiger Erwartung. Als wir endlich völlig übermüdet in Buenos Aires landeten, war unsere Reise aber keineswegs zu Ende. Uns erwartete noch eine abenteuerliche Fahrt mit Militär- und Polizeibegleitung in unser 50 Kilometer entferntes Quartier. Was uns dort allerdings erwartete, war alles andere als dem Standard entspre-

chend. Unsere Unterkunft war eine Art Kaserne, drumherum weit und breit nichts. In dieser nüchternen Herberge bezogen wir unsere Zweibettzimmer, ausgestattet mit Bundesheerbetten ohne Nachtkästchen und einer schmalen Dusche mit Plastikvorhang. Das Einzige, was es dort noch gab, war ein Fußballplatz – sonst absolut nichts. Das war ernüchternd, eine WM-Teilnahme stellt man sich anders vor. Doch wir hatten nicht viel Zeit, um uns darüber Gedanken zu machen, wir begannen sofort mit dem Training. Überall stand Security herum: totale Über- und Bewachung. Die Soldaten mit den Stahlhelmen und Maschinenpistolen gehörten während der gesamten WM zu unserem Aufenthalt dazu. Ein Ausgang in den benachbarten Ort Moreno wurde nicht genehmigt. Die ersten Telefonanrufe nach Hause mussten angemeldet werden. Unser einziges Glück: Wir hatten unseren Koch Georg Pesek mit, der uns täglich mit traditioneller Wiener Küche (Wiener Schnitzel oder Fleischlaiberl) verköstigte und uns so zumindest das kulinarische Gefühl von daheim vermittelte.

Die Vorbereitung lief gut, unser Tagesablauf war immer gleich: Wir trainierten vormittags und nachmittags, am Abend spielten wir dann bis 22.30 Uhr Bauernschnapsen, mein Partner war meist Edi Krieger, mit dem ich auch das Zimmer teilte, unsere Gegner waren Herbert Prohaska und Erich Obermayer. Das war unsere Abendgestaltung – einen ganzen Monat lang.

Wir stellten uns mental auf unser erstes Spiel gegen Spanien ein. Für mich war es ein schaurig-schönes Gefühl, dieses Hinarbeiten und Warten auf den großen Moment, wie vor einer wichtigen Prüfung.

Unsere Mannschaft hatte sich mittlerweile leicht verändert – Josef „Sepp" Stering hatte ein halbes Jahr zuvor eine schwere Verletzung erlitten und konnte nicht an der WM teilnehmen. Roland Hattenberger hatte sich leider beim Training das Seitenband abgerissen, als er im Luftkampf mit Friedl Koncilia zusammenstieß. Für ihn war die WM damit vorbei. Ich wurde von Teamchef Senekowitsch beim Training im Mittelfeld eingesetzt, und der zweite Stürmer neben Hans Krankl sollte Walter Schachner sein. Robert Sara war Kapitän unserer Mannschaft.

Das österreichische Nationalteam bei der WM 1978.

Endlich. Es ging los. Es war der 3. Juni 1978. Gruppe 3: Österreich, Spanien, Schweden, Brasilien. Das Spiel gegen Spanien fand im ausverkauften Vélez-Sarsfield-Stadion in Buenos Aires statt. Spanien war haushoher Favorit, eine sehr starke Mannschaft, aber wir hatten nichts zu verlieren. Wir waren gut drauf, unser Ziel war es, etwas zu erreichen. Schon in der zehnten Minute gelang Walter Schachner mit einem überragenden Schuss ins kurze Eck das 1:0. Er überspielte zwei Spanier, und Torwart Miguel Ángel hatte keine Chance. Wir verteidigten sehr gut, bekamen jedoch zehn Minuten später durch Dani den Ausgleich, und die Partie war wieder offen. Einige Spieler wollten sich nun aufs Verteidigen verlegen, doch ich war anderer Ansicht: „Burschen, das ist eine WM, wir müssen mehr attackieren!" Was wir dann auch machten.
Krankl erzielte nach einem Pass von mir zu Jara, der sofort schoss, aber einen spanischen Abwehrspieler traf, in der 77. Minute das 2:1. Spanien erhöhte den Druck, aber wir hielten stand und gewannen das Spiel. Was für ein Auftakt! Ich denke, es war wichtig, so in das Turnier zu starten und um den Sieg zu kämpfen. Die Last und der Druck der Vorwochen wurden nun etwas leichter. Aber es war erst der Anfang geschafft. Das argentinische Publikum hatten wir jetzt auf unserer Seite, da wir gut gespielt hatten.
Die nächsten zwei Tage dienten der Erholung, sogar ein Schiffsausflug war angesagt. Eine nette Abwechslung, die im Vergleich zum kargen Alltag in unserem Quartier endlich auch wieder andere visuelle Reize bot.

3. Juni 1978: Spanien gegen Österreich.

Die Vorbereitung auf das nächste Spiel gegen Schweden, das am 7. Juni 1978 ebenso im Vélez-Sarsfield-Stadion stattfinden sollte, war abgeschlossen. Schweden war eine sehr kampfstarke Mannschaft. Cheftrainer Helmut Senekowitsch holte Edi Krieger, der im ersten Spiel noch gesperrt gewesen war, zurück in die Mannschaft. Hans Krankl und ich waren die Sturmspitzen. Das Spiel begann. Wir starteten gut. In der 42. Minute gab es einen Elfmeter für uns, Krankl schoss und verwertete zum 1:0. Jetzt waren wir im Flow. Die Nervosität war wie weggeblasen, und wir hatten weitere gute Torchancen. Für mich persönlich war es das beste Länderspiel meiner Karriere, obwohl ich kein

Tor schoss, aber ich hatte zwei große Torchancen. Ronnie Hellström, damals einer der weltbesten Torhüter – er nahm 1970, 1974 und 1978 an der WM teil –, parierte beide Bälle: Einen fast unhaltbaren Flugkopfball ins Kreuzeck fischte er aus dem Tor, und einen Kopfball drehte er über die Querlatte. Es blieb beim 1:0: Wir hatten das nächste schwere Match gewonnen. Es war ein unglaubliches Gefühl – nach nur zwei Spielen hatten wir die nächste Runde erreicht. Am folgenden Tag waren wir das Gesprächsthema Nummer eins, in allen Zeitungen wurde über unsere Mannschaft berichtet.

Bevor wir nach Argentinien abgereist waren, waren wir vom Generaldirektor der Zentralsparkasse in der Wiener Stadthalle verabschiedet worden. Man sicherte uns zu, dass die Spielerfrauen nach Argentinien nachkommen könnten, wenn wir eine Runde weiterkommen sollten, auch die Flüge und der Aufenthalt würden bezahlt werden. So geschah es dann auch. Leider konnte meine Frau nicht kommen, weil wir zu dieser Zeit gerade den Umzug zurück nach Österreich vorbereiten mussten. Auch einige andere Spielerfrauen verzichteten.

Die Tage vergingen, der nächste Gegner war Brasilien in Mar del Plata, am 11. Juni 1978. Diesen speziellen Tag werde ich nie vergessen. Vor allem nicht den abenteuerlichsten aller Flüge, den ich jemals erlebt habe. Wir flogen mit einem Militärflugzeug, das nicht einmal über ein Radargerät verfügte, zum Spiel nach Mar del Plata – im dichtesten Nebel. Man konnte nichts, rein gar nichts sehen! Wir boten den Zuschauern dort ein gutes Spiel; auch wenn wir letztendlich 1:0 verloren, hatten wir einige gute Chancen. Ich hatte sogar noch eine Möglichkeit zum Ausgleich, aber Tormann Leão wehrte meinen Schuss ab. Auch Friedl Koncilia zeichnete sich aus – er hielt viele Schüsse der Brasilianer. Zum Glück waren wir schon fix qualifiziert und auch Gruppensieger.

Beim Rückflug mussten wir zweieinhalb Stunden im Flugzeug warten, da wir aufgrund von immer stärker werdenden Nebelschwaden nicht starten konnten. Auch der Pilot wollte nicht fliegen, aber wir mussten unbedingt zurück zum Flughafen Buenos Aires, wo die Spielerfrauen warteten, um mit uns ins Trainingscamp zurückzufahren. Als wir endlich die Starterlaubnis bekamen, war die Nebelsuppe noch immer so dicht wie zuvor. Es fühlte sich bedrohlich und gefährlich an. Neben all dem Adrenalin bei den Matches kam nun die Angst dazu, diesen Flug nicht zu überleben, zumal selbst der Pilot eigentlich nicht abheben wollte. So ein Gefühl kannte ich bislang nicht. Wir flogen quasi ins Nichts hinein. Im Flugzeug war es still, keiner sprach. Es war unheimlich. Wir hatten Glück, dass wir so einen erfahrenen Kapitän hatten, der die Flugstrecke gut kannte, und landeten ohne Probleme. Beim Aussteigen zitterten meine Knie, und diesmal war ich sehr dankbar, in unser Quartier fahren zu dürfen.

Die erste Hürde war geschafft, wir waren eine Runde weiter. Auch zu Hause in Österreich herrschte große Euphorie. Wir waren in aller Munde. Doch der Alltag holte uns schnell wieder ein, änderte sich nicht, wir trainierten wieder täglich und behandelten unsere Wehwehchen. Mittlerweile waren drei Wochen vergangen, es wurde anstrengend, Lagerkoller machte sich breit, und die Stimmung war auch nicht mehr so gut.

Ich war der Meinung, dass wir auch in der nächsten Gruppe (Gruppe A mit Deutschland, Italien und den Niederlanden) weiterkommen könnten, auch wenn andere Mitspieler das meiner Wahrnehmung nach vielleicht nicht ganz so sahen. Die Holländer hatten einige verletzte Spieler, und deshalb glaubten manche, wir könnten sie sowieso schlagen. Ich kannte viele der Spieler, war mit ihrer Spielphilosophie vertraut und schlug dem Trainer vor, mit drei Sturmspitzen anzutreten, das heißt, Walter Schachner wieder aufs Feld zu schicken. Aber Teamchef Senekowitsch wollte seine Entscheidung nicht revidieren. Die Holländer wurden von Ernst Happel trainiert, der unsere Schwachpunkte natürlich bestens kannte. Das Match fand am 14. Juni 1978 in Córdoba statt. Wir spielten zu offensiv und verloren letztendlich 5:1.

Nachdem wir diese herbe Niederlage verdaut hatten, folgte die nächste Begegnung, und zwar gegen Italien am 18. Juni 1978 in Buenos Aires.

Ich sagte noch zu meinen Mitspielern: „Wenn wir da einen Punkt holen, dann könnten wir Deutschland schlagen und um den dritten, vierten Platz mitspielen."

Aber es war aus meiner Sicht zu wenig Motivation und Ehrgeiz da, manche glaubten nicht hundertprozentig daran – obwohl wir alle eine starke Leistung zeigten.

Wir kamen gut ins Spiel, unsere Abwehr stand bombensicher, und wir konterten gut. Man sah den Italienern ihre Verzweiflung an, aber wir konnten sie leider nicht mehr stärker unter Druck setzen. Heini Strasser spielte den Ball zu Friedl Koncilia, Paolo Rossi ging dazwischen, umspielte Koncilia und schoss das Tor zum 1:0. Man konnte keinem einen Vorwurf machen, das war Fußball. Italien ging also in Führung. Die letzte Viertelstunde setzten wir alles auf eine Karte, leider gelang uns der Ausgleich nicht mehr. Somit war der Zug abgefahren. Wir konnten uns nur mehr gegen die Deutschen mit einem passablen Ergebnis verabschieden. Für mich persönlich war es sehr enttäuschend, da sicher mehr drin gewesen wäre, wir waren eine spielerisch sehr starke Mannschaft. Der ganze Stress und Druck der letzten Wochen, die Eintönigkeit, der Lagerkoller – alles wurde immer ärger, wir fühlten uns wie im Gefängnis. Es gab nichts, kein Fernsehen, nur Training, Kartenspielen und Essen.

Und dann kam das legendäre Spiel gegen Deutschland in Córdoba am 21. Juni 1978. Wir setzten uns vorher zusammen und besprachen unsere Taktik, wir wollten uns gegen die Deutschen würdig von der WM verabschieden und auf jeden Fall einen Punkt mitnehmen. Dann könnten wir zufrieden sein und erhobenen Hauptes nach Hause fahren.

Wieder mit Militär- und Polizeibegleitung, neben uns Militärjeeps mit Maschinengewehren bestückt und über uns ein

Helikopter der argentinischen Luftwaffe brachen wir also nach Córdoba auf. Mittlerweile kannten wir das ja, aber es war für mich trotzdem immer noch ein befremdliches, beklemmendes Gefühl.

Beide Mannschaften liefen in unveränderter Formation im Stadion von Córdoba auf. Das Match begann. Auf beiden Seiten war viel Nervosität zu spüren. Deutschland war überlegen. Doch bereits in der fünften Minute gab es die erste Torchance für mich. Nach 19 Minuten erzielte Rummenigge jedoch das 1:0 für Deutschland. Kurz darauf hätten wir fast durch Krankl den Ausgleich erzielt, dessen Schuss nur knapp das Tor verfehlte. Wir erspielten uns viele weitere Torchancen: In der 38. Minute ging ein Volley-Schuss von mir aus sieben Metern knapp am Tor von Sepp Maier vorbei.

Zweite Halbzeit. Noch immer stand es 1:0. In der 59. Minute endlich der Ausgleich. Krieger flankte von rechts vors Tor auf mich, ich verfehlte den Ball. Dieser fiel Berti Vogts ans Knie und von dort ins deutsche Tor. Eigentor! Es stand 1:1. Der Druck der Deutschen ließ nach, die Hitze machte allen zu schaffen.

Eine herrliche Flanke von Heinrich Strasser und dazu das exzellente Können von Hans Krankl, der den Ball unhaltbar genau ins Kreuzeck schoss, brachten uns in der 66. Minute das 2:1. Eine Minute später ein Corner für Deutschland, Freistoß, die Flanke kam zu Hölzenbein, und es stand 2:2. Das Spiel stand nun auf Messers Schneide mit guten Aktionen und Chancen auf beiden Seiten.

21. Juni 1978: Österreich gegen Deutschland.

Berti Vogts sagte zweimal im Spiel „Rasenmäher" zu mir. „Berti, der Rasen ist eh sehr niedrig, du musst ja nicht den Rasen mähen", entgegnete ich, was dieser wohl persönlich nahm. Ich fragte ihn noch: „Warum seid ihr so nervös, mit einem Unentschieden oder Sieg spielt ihr um den dritten Platz, bleiben wir doch ruhig."
„Mensch, was wollt ihr, wir füllen euch noch die Potte an, jetzt kriegt ihr's!", erwiderte er.
Dann kam die 88. Minute: Krankl ließ Rüssmann stehen, umspielte Kaltz und schoss an Torwart Maier vorbei zum 3:2 für uns. Das ganze Stadion tobte und war auf unserer Seite. Die Deutschen probierten nun alles. Ein paar Minuten vor Ende

des Spiels hätten sie fast noch das 3:3 erzielt. Der Schuss ging neben das Tor. Endlich kam der erlösende Schlusspfiff.

Es war einfach unglaublich, was dann im Stadion los war. Wir rannten aufeinander zu, bildeten eine Traube, und alle umarmten sich. Ich trug Krankl auf den Schultern hinaus. Nach dem Match wollte ich Vogts die Hand geben und mit ihm Leiberl tauschen, er meinte jedoch, er tausche nicht, das sei sein letztes Länderspiel gewesen und er wolle das nicht. Da sagte ich zu ihm, das sei okay, ich würde noch genug Länderspiele gegen die Deutschen spielen.

Als ich in die Kabine kam, entbrannte dort gerade ein heftiger Streit: Friedl Koncilia ging auf Herbert Prohaska los, auch körperlich, da er laut diesem Hölzenbein nicht gedeckt hätte und so das 2:2 entstanden sei. Ich versuchte, die beiden zu besänftigen – wir hatten ja ohnehin gewonnen.

Ganz Österreich war nun im Freudentaumel. Wir hatten die Deutschen geschlagen und sie heimgeschickt. Erst zu Hause realisierten wir unsere Leistung. Wir hatten drei von sechs Spielen gewonnen und den siebenten Platz bei der WM erreicht. Trotzdem hätten wir – das ist nach wie vor meine Meinung – sogar um den dritten oder vierten Platz mitspielen können, wenn nur alle fest genug daran geglaubt hätten.

Drei Tage waren wir danach noch in unserer Unterkunft kaserniert. Ernst Happel kam mit Spielern der holländischen Nationalmannschaft zu Besuch vorbei, von denen ich einige von Feyenoord kannte, unter ihnen Wim Jansen und Wim

Rijsbergen. Johan Neeskens, der bei Barcelona spielte, meinte beim Abschied, wir würden uns im nächsten Jahr sicher treffen, weil Barcelona mich kaufen wolle. Ich wusste davon bislang nichts.

Am 24. Juni flogen wir nach Hause, gemeinsam mit den deutschen Spielern. Beim Zwischenstopp in Rio stiegen einige von uns aus, weil sie dort einen Urlaub geplant hatten. So hatten wir genug Platz, feierten, tranken Bier und Wein, schliefen dann bis Frankfurt, wo wir mit Kopfweh ausstiegen, aßen dort während des zweistündigen Zwischenstopps Gulaschsuppe, bevor es nach Wien weiterging.

Mit meinen Kindern beim Empfang in Schwechat.

Keiner Einziger von uns hätte sich gedacht, dass uns in Schwechat so viele Fans erwarten würden. Meine beiden Töchter liefen auf dem Rollfeld auf mich zu, ich schloss sie glücklich in die Arme, ich hatte meine Familie schon sehr vermisst. Ich arbeitete mich mit den Kindern durch die Menschenmenge durch bis zum Taxi, über eine Stunde dauerte der kurze Weg. Wir wurden von den Fans begrüßt und gefeiert. Vom Flughafen bis nach Simmering standen Tausende Menschen entlang der Straße, die uns mit Fahnen zuwinkten und uns bejubelten, es war unglaublich und irgendwie alles nicht real.

Vor der WM: Mit Herbert Prohaska bei der Einkleidung.

Es folgten ein paar Tage Ruhe, dann ging es wieder mit den Autogrammstunden los. Wir wurden überall herumgereicht, gaben Interviews, waren im Fernsehen. Insgesamt eine wunderschöne, aber sehr anstrengende Zeit.
Schneckerl Prohaska und ich beschlossen, eine Woche mit unseren Familien nach Jesolo zu fahren, um dem Trubel in Wien zu entkommen. Aber auch dort erkannten uns alle, egal ob am Strand oder in der Einkaufsstraße, was uns natürlich auch stolz machte. Insgesamt konnten wir uns aber trotzdem gut erholen. Mit Herbert verbindet mich nach wie vor eine echte Freundschaft.

Mit Ernst Baumeister und Herbert Prohaska in der Sportschule Lindabrunn.

Die WM 1978 in Argentinien

Mit Herbert Prohaska und Günther Happich in Lindabrunn.

Mit den Teamkollegen Hans Krankl und Edi Krieger.

NACH DER WM 1978 – ENTTÄUSCHUNGEN UND NEUE WEGE

Die Transferzeit begann wieder. Wie sollte meine Karriere jetzt weitergehen? Nach den ersten drei Jahren und dem darauffolgenden Einjahresvertrag kam leider keine weitere Verlängerung bei Feyenoord Rotterdam zustande. Das empfand ich als sehr schade, ich war gut integriert, und mir und meiner Familie gefiel es in Holland ausgesprochen gut. So kehrten wir wieder nach Österreich, nach Wien, zurück. Ich hatte einige Angebote, auch aus dem Ausland, aber immer waren Punkte dabei, die für mich und uns als Familie mit zwei Kindern nicht passten, und auch finanziell waren sie nicht besonders lukrativ.

Als die Holländer uns – wie erwähnt – in Argentinien in unserem Camp besucht hatten, hatte Johan Neeskens zu mir gesagt: „Wir sehen uns nächstes Jahr, Barcelona will dich kaufen, Willi."

Und tatsächlich rief mein Manager mich eines Tages enthusiastisch an: „Willi, ich mach dich zum Millionär, Barcelona will dich kaufen!"

Nach der WM 1978 – Enttäuschungen und neue Wege

Vor lauter Aufregung spürte ich meinen Puls stark ansteigen. Er würde sich am nächsten Tag melden, er komme mit dem Präsidenten von Barcelona nach Wien. An besagtem Tag klingelte das Telefon: Mein Manager erklärte mir, der Präsident könne nicht kommen, es sei etwas dazwischengekommen, wir müssten warten. Es hat sich aber leider nie mehr jemand gemeldet ... Warum Barcelona mich dann doch nicht wollte, habe ich nie erfahren, es kam keine Nachricht mehr. Ich war enttäuscht. Dieser Verein hätte nochmal eine unglaublich spannende Reise und ein weiterer Karriereschritt für mich werden können. Nun, es sollte nicht sein. Einige Zeit später las ich in der Zeitung, dass man Hans Krankl verpflichtet hatte, was ich ihm natürlich sehr gönnte. Er war ein herausragender Fußballer und hatte eine unglaubliche WM gespielt.

Auch wenn mich einige österreichische Clubs unter Vertrag nehmen wollten, begann ich in der darauffolgenden Zeit, mit deutschen Bundesligavereinen zu verhandeln, denn ich wollte eigentlich noch einmal ins Ausland, fühlte mich noch jung genug und am Höhepunkt meiner Karriere. Ich ging täglich laufen, um mich in dieser Zeit des Wartens fit zu halten, mich mental gut einzustellen, und hoffte, dass ein passendes Angebot hereinkommen würde – das war nicht leicht, zumal ich bei der WM in Top-Form gewesen und danach plötzlich vereinslos war. Das tägliche Training und das Fußballspielen fehlten mir, aber ich versuchte, positiv zu bleiben, und gestaltete mir meinen eigenen sportlichen Tagesablauf, da ja auch die EM-Qualifikation ins Haus stand und ich unbedingt dabei sein wollte.

Eines Tages rief Ferdinand Milanovich, ein Jugendfreund aus Kaisermühlen, an. Er hatte – als ich bei SV Donau in der Schülerliga trainierte – bei der Jugend gespielt, wir kannten uns also seit Kindestagen.
Er fragte mich, ob ich nicht nach Linz kommen wolle, zum SK VÖEST Linz: „Wir sind in die 1. Division aufgestiegen. Treffen wir uns auf halbem Wege in Ansfelden bei der Autobahn-Raststation und besprechen wir das, Willi."
Eigentlich wollte ich meine Karriere nicht in Linz fortsetzen, das hätte ich mir eher für das Ende meiner Laufbahn vorstellen können und das sah ich für mich noch weit entfernt. Dennoch schrieb ich am Vortag des Treffens gemeinsam mit meiner Frau die Gehaltsforderungen auf – und verdoppelte dann die Summe, weil ich sowieso nicht nach Linz wollte. Ich fuhr also mehr oder weniger zum Zeitvertreib zur Raststätte. Dort saßen der Generaldirektor der VÖEST, Heribert Abfalter, und Betriebsratschef Franz Ruhaltinger, die gesamte Riege des SK VÖEST Linz war ebenfalls anwesend. Sie wollten mich unbedingt verpflichten. Ich legte ihnen das A4-Blatt mit meinen Forderungen hin, das sogleich für alle kopiert wurde. Fünf Minuten lang wurde kein Wort gesprochen, dann nickten die Herren der VÖEST-Chefetage und alle anderen zustimmend mit dem Kopf. Alles, was da geschrieben stand, wurde akzeptiert, und ich sollte gleich unterschreiben. Ich zögerte, sagte, ich müsse das noch mit meiner Frau besprechen. Doch trotz der vielen Smogtage in Linz und der Tatsache, dass ich an diesem Punkt meiner Karriere dort eigentlich überhaupt nicht

hinwollte, unterschrieb ich den Vertrag schlussendlich – für zwei Jahre. Es kam kein besseres Angebot mehr. Es war sehr frustrierend, aber ich wollte unbedingt weiterspielen.

Der Zeitpunkt ergänzte sich gut mit dem Schuleintritt meiner älteren Tochter. Wir fanden eine sehr schöne Wohnung in Linz, wo zumindest nichts von dem Rauch und Smog des Stahlkonzerns zu sehen oder zu riechen war, und übersiedelten in die Mariahilfgasse in ein Mehrparteienhaus. Dort wohnte zur selben Zeit auch VÖEST-Fußballer Karl Hodits mit seiner Familie, und wir freundeten uns recht schnell an. Bis heute habe ich noch Kontakt mit ihm. Meine Tochter Alexandra begann in Linz mit der Volksschule, meine jüngere Tochter Olivia besuchte den Kindergarten. Beide wurden in Holland zweisprachig aufgezogen, und daher gab es mit der deutschen Sprache keine Probleme. Wenngleich ich weiß, dass es sicher nicht einfach für die zwei Mädchen war, von Holland und den liebgewonnenen Freunden wegzugehen und sich in einem anderen Land zurechtzufinden.

Aber blicken wir zurück zum ersten Tag bei meinem neuen Verein: Ich traf mich mit Trainer Ferdinand Milanovich auf dem Fußballplatz, der inmitten des VÖEST-Geländes lag – ich musste am Portier vorbei zum Training. Es stank, alle Nuancen und Farben von Rauch stiegen auf, auf dem Fußballplatz war kaum Gras zu sehen, der Rasen war steinhart, die Kabinen heruntergekommen. Ich war außerordentlich schockiert von dem Anblick, der sich mir da bot. Ich war die Vereine in Holland

gewohnt, wo alles hochwertig, schön gepflegt und gut strukturiert war. Das erste Training fand statt, alle Spieler wurden mir vorgestellt. Nach zehn Minuten hatte ich so viel Feinstaub eingeatmet, dass ich Atemprobleme bekam. Auch mein Auto war jeden Tag rot gefärbt vom Staub. Ich fühlte mich nicht wohl und begann, an meiner Entscheidung zu zweifeln.
Doch alsbald gab es einen Bürgermeisterempfang vor dem Linzer Rathaus, wo mich 10.000 Linzerinnen und Linzer wie einen König empfingen und begrüßten. Ich war richtig gerührt, denn so etwas hatte ich nicht erwartet.

Die Meisterschaft begann. Meine Mitspieler sahen, dass ich nicht den Star vom Sportclub Feyenoord markierte, sondern hart trainierte. Ich war nämlich einfach froh, wieder meinen gewohnten sportlichen Alltag zu leben. Ich sprach mit jenen Spielern, die nicht so mitzogen, wollte sie dazu motivieren, mehr zu trainieren, wenn wir weiterkommen wollten. Jeden Tag war die Zeitung voll von Berichten über uns. Wir gewannen alle Freundschaftsspiele, ich hatte wieder viel Selbstbewusstsein, und die Kollegen akzeptierten mich schnell.
Das erste Meisterschaftsspiel zu Hause gegen Sturm Graz am 18. August 1978 stand an. Es regnete in Strömen. Aber es waren unglaubliche 18.000 Zuschauer im Stadion. Eigentlich wurden nur 12.000 Karten aufgelegt, aber die Leute kamen, wollten zuschauen, bezahlten und gingen ohne Karte ins Stadion. Wir zeigten an besagtem Tag trotz des heftigen Regens eine sehenswerte Leistung und gewannen 1:0. Ich fühlte mich

Nach der WM 1978 – Enttäuschungen und neue Wege

gut und spielte auch so. Es gab Standing Ovations für uns. Und so ging es weiter: Eine Woche später siegten wir gegen die Austria auswärts – ich verwandelte den Elfmeter zum 3:1.

Im Herbst lagen wir auf Platz drei. Wir hatten viele gute Spieler in der Mannschaft, darunter Tormann Erwin Fuchsbichler, Reinhold Hintermaier, Hans-Dieter Mirnegg, Max Hagmayr und Helmut Wartinger, die unter meiner Regie ins Nationalteam kamen. Letztendlich beendeten wir die Saison 1978/79 an fünfter Stelle.

Die Kampfmannschaft von VÖEST Linz.

Am 15. Juni 1979, im vorletzten Spiel gegen die Admira auswärts in der Südstadt (1:2-Niederlage), riss ich mir die Bänder im linken Knöchel ab. Ich musste sofort ins Spital, wurde operiert und bekam für vier Wochen einen Gips verpasst. Ich befürchtete, dass es dauern würde, bis ich wieder voll spielen konnte, aber zum Glück fiel das alles in die dreiwöchige Sommerpause, in der wir zehn Tage auf Urlaub nach Italien fuhren. Der Gips sollte wasserfest sein, so hatte man es mir zumindest

Bei VÖEST Linz mit Trainer Milanovich (2. von li.) und den Mannschaftskollegen Reinhold Hintermaier und Erwin Fuchsbichler.

versichert – also ging ich schwimmen: Noch beim Abendessen tropfte das Wasser aus dem Gips heraus, alles war aufgeweicht, und der Fuß roch ziemlich unangenehm. Eine Woche nach der Gipsabnahme stand ich wieder im Training, und nach drei bis vier Wochen war ich voll einsatzfähig: Die Meisterschaft konnte beginnen!

Beim Training mit den Mannschaftskollegen Max Hagmayr, Karl Hodits, Reinhold Hintermaier, Erwin Fuchsbichler, Alfred Gert u. a. (von li.).

Unser zweites Jahr war ein sehr erfolgreiches, ich fühlte mich wieder topfit, spielte gut, und auch mental hatte ich mich mittlerweile mit der aktuellen Situation in meiner Fußballerlaufbahn angefreundet. Meine Familie hatte sich in Linz gut eingelebt. Wir beendeten die Saison an zweiter Stelle hinter Austria Wien.

Nach zwei Jahren unterschrieb ich einen weiteren Zweijahresvertrag bei VÖEST Linz. Es war eine für mich sportlich sehr gute Zeit, und ich schätzte den starken Zusammenhalt in der Mannschaft.
In der Saison 1978/79 schoss ich 16 Tore, 1979/80 waren es 13. 1978 wurde ich zum Sportler des Jahres in Oberösterreich gewählt und 1979 bei der OÖ Kicker-Wahl zum Fußballer von Oberösterreich.

Trainingsmethodik VÖEST Linz
Als ich von Holland zu VÖEST Linz kam, war das Training zwar ähnlich wie dort aufgebaut, aber wesentlich weniger intensiv. Für mich war es – im Gegensatz zu vielen anderen – kaum anstrengend. Am Vormittag wurde eher locker Fußball gespielt, die verletzten Spieler liefen aus oder bekamen Massagen. Ich sprach mit dem Trainer und meinte, um zu gewinnen und erfolgreich zu sein, sei eine Steigerung der Übungseinheiten notwendig. Ich zeigte ihnen dann vor, was ich mir unter einem intensiveren Training vorstellte – so wie ich es von Holland gewohnt war. Die Spieler zogen schließ-

lich alle mit und stellten sich um. Für diese harte Arbeit ernteten wir auch die Früchte: Wir spielten um den Meistertitel mit – und hatten viele Zuschauer. Die Einstellung, immer alles geben zu wollen, ist meiner Meinung nach das Wichtigste im Spitzensport.

EM-QUALIFIKATION 1978/79

In diese Zeit beim SK VÖEST Linz fiel auch die Qualifikation zur Europameisterschaft unter Teamchef Karl Stotz. Wir waren in Gruppe 2 mit Belgien, Schottland, Portugal und Norwegen. Als Nationalmannschaft waren wir von der WM her noch gut in Form und eingespielt, auch wenn es nicht genau derselbe Kader wie in Argentinien war.

Das erste Spiel fand am 30. August 1978 in Oslo gegen Norwegen statt. Wir gewannen 2:0 durch Tore von Pezzey und Krankl.

Am 20. September 1978 folgte dann in Wien das zweite Match: Österreich gegen Schottland. Das Stadion war gefühlt ausverkauft. Es war ein aufregendes, schnelles Spiel mit vielen Möglichkeiten auf beiden Seiten. In der 26. Minute erzielte Pezzey das 1:0, Schachner zog kurz nach Beginn der zweiten Halbzeit in der 48. Minute nach – in die lange Ecke nach einem Pass von Prohaska. Und ich schoss in der 65. Minute das 3:0. Was für ein Jubel! Wir führten 3:0! Das konnten sich die Schotten jedoch nicht bieten lassen und schossen noch zwei Anschlusstore, aber wir konnten den Vorsprung halten und gewannen.

EM-Qualifikation 1978/79

Österreich gegen Schottland am 20. September 1978: Tor zum 3:0 mit Linksfuß.

Dann kam das Qualifikationsspiel Österreich gegen Portugal am 15. November 1978 in Wien. Die vielen Fans im Praterstadion feuerten uns leidenschaftlich an. Wir riskierten alles, spielten sehr offensiv, verloren aber leider 1:2 durch ein Tor in der 90. Minute.

Die weiteren Begegnungen waren Belgien gegen Österreich am 28. März 1979 in Brüssel und das Rückspiel am 2. Mai 1979 in Wien. Beide Partien gingen unentschieden aus, und zwar 1:1 und 0:0.
Am 29. August 1979 fand das Spiel Österreich gegen Norwegen in Wien statt. Wir spielten gut und gewannen 4:0 mit Toren von Jara, Prohaska, mir und Krankl.
Gegen Schottland kam es in Glasgow am 17. Oktober 1979 zum nächsten Zusammentreffen. Dieses Match ging unentschieden (1:1) aus.
Im Rückspiel gegen Portugal am 21. November 1979 in Lissabon spielten wir hervorragend und gingen mit 1:2 als Sieger vom Platz. Insgesamt konnte sich unsere Qualifikationsphase sehen lassen.
Im vorletzten Spiel unserer Gruppe am 19. Dezember 1979 in Glasgow trat Schottland gegen Belgien an. Zu diesem Zeitpunkt waren wir mit zwei Toren Vorsprung noch Gruppenerster. Die Schotten spielten aber nur mit der Reserve, und die Belgier gingen mit 3:1 vom Platz. Österreich wurde mit nur einem Punkt weniger Gruppenzweiter hinter Belgien – und fuhr nicht zur Europameisterschaft.
Ich war bei der EM-Qualifikation bei allen acht Begegnungen dabei. Wir hatten ein gutes Turnier bestritten, und so war die Enttäuschung über dieses knappe Ausscheiden doppelt so groß. Das tat weh. Aber so ist der Sport. Gewinnen und Verlieren liegen oft sehr knapp nebeneinander. Diesmal brauchte auch ich einige Zeit, um dieses unrühmliche Ende zu verdauen. Ich war nicht mehr so jung und unbeschwert wie früher.

DIE ACHILLESSEHNE

Es passierte beim Spiel gegen Rapid im Weststadion, dem späteren Gerhard-Hanappi-Stadion, am 5. September 1980. Ich schoss das 2:0 – wir führten auswärts gegen Rapid. Ich war wieder voller Selbstvertrauen.
Zehn Minuten nach der Halbzeitpause (es stand mittlerweile 2:2) fing jedoch der altbekannte und eigentlich schon abgeschriebene Schmerz in der Achillessehne wieder an, es brannte und stach. Ich dachte mir, das vergeht schon wieder, ich kenne das ja jetzt schon. Als ich zu einem kurzen Sprint zur ersten Stange ansetzte, machte es auf einmal einen Schnalzer, den man im gesamten Stadion gehört haben musste. Denn plötzlich war alles totenstill. Ich befürchtete das Schlimmste. Nun war sie also doch gerissen, meine linke Achillessehne.
Alles lief wie in Zeitlupe ab. Ich griff zu meiner Ferse – da war keine Sehne mehr. Der Arzt kam, sie trugen mich vom Spielfeld, ich hörte, wie mir die Leute applaudierten. Noch im Fußballdress wurde ich mit dem Rettungswagen von Wien ins AKH Linz gebracht, wo schon unser Vereinsarzt Dr. Wagner wartete, der mich noch am selben Tag operierte. Am nächsten Morgen wachte ich mit einem Gips am Fuß auf; sofort schoss mir die Angst ein: Konnte ich mit dieser Verletzung jemals

wieder zurückkommen? Viele Spieler hatten das bislang nicht geschafft. Ich war in einem Schockzustand, regelrecht in Panik, und wusste, dass ich keinen leichten Weg vor mir hatte. Kann ich wieder zurückkommen? Schaffe ich nochmal den Sprung in die Mannschaft zurück? Wie lange dauert es, bis ich wieder spielen kann? Ich konnte dieses Gedankenkarussell nicht stoppen, kam immer tiefer ins Grübeln. Ich lag eine Woche im Krankenhaus und fühlte mich elendig. Sollte es jetzt vorbei sein mit dem Fußballspielen? Wie geht es weiter? Der Vereinsarzt erklärte mir das Procedere und machte mir wieder etwas Hoffnung. Aber insgesamt war es eine furchtbare Zeit für mich.

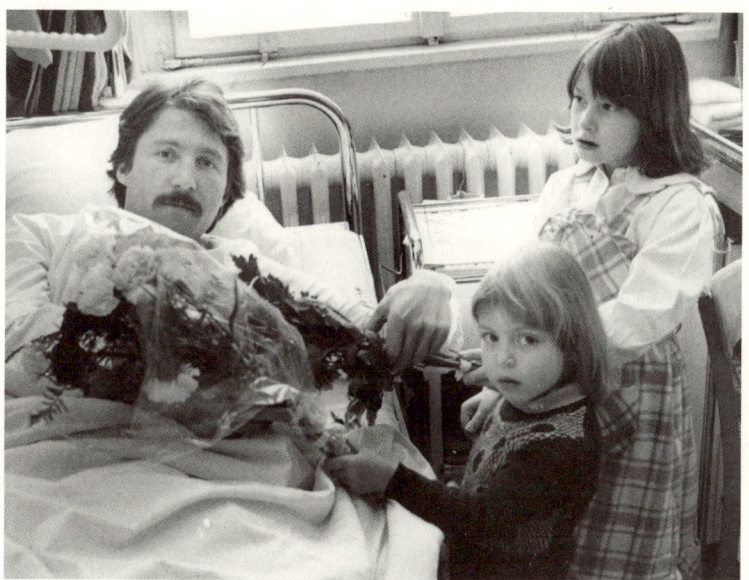

Besuch meiner Kinder nach der Operation.

Die Achillessehne

Vier Wochen musste ich den Gips tragen, durfte meinen Fuß nicht belasten. Danach kamen langsame erste Gehversuche, aber der Fuß schwoll immer wieder an, sogar noch beim ersten Training, als ich schon das Okay des Arztes hatte, ich könnte zu 80 Prozent wieder alles machen.

Mit Trainer Milanovich und Mannschaftskollegen von VÖEST Linz nach der Achillessehnenoperation.

Ich war verzweifelt, haderte mit mir selbst. Mein schlechter Gesamtzustand dauerte an, immer wieder gingen mir dieselben Gedanken durch den Kopf. Bis ich dann irgendwann so weit war, dass ich wieder ein Ziel vor Augen hatte: Ich nahm meine eigene Herausforderung an, nochmal als Profi zurückzukommen. Ich verbiss mich ins Trainieren, saß unendliche Stunden am Ergometer und radelte wie verrückt, stärkte meine Waden mit allen mir möglichen Übungen, die es dafür gab. Es war ein sehr harter und zäher Weg, bei dem ich mich immer wieder selbst aus dem schwarzen Loch, in das ich hineinfiel, ziehen und mich ständig motivieren musste, dranzubleiben.

Es ging aufwärts, aber nur sehr, sehr langsam. Ich fühlte mich oft verzweifelt und deprimiert, alles dauerte so lange. Es waren nur unendlich kleine Schritte, die ich nach vorne machte. Auch für meine Familie war es keine leichte Zeit, musste sie mich doch in dieser Stimmung aushalten. Dennoch, ich konnte noch nicht mit dem Fußball aufhören, wollte wieder zurückkommen, nochmal meinen geliebten Beruf als Profispieler ausüben. Ich war erst 31 Jahre alt, aber für einen Spitzensportler blieb da nicht mehr allzu viel an aktiver Zeit. Wobei ich mit meiner Fitness vor der Operation sicher noch gut und gerne bis zu einem Alter von 35 Jahren hätte spielen können.

Wenn ich heute zurückblicke, dann hatte sich die Sache schon Monate vorher angekündigt. Im Frühjahr 1980 hatte

Die Achillessehne

ich erstmalig ein leichtes Brennen in meiner linken Achillessehne gespürt. Ich spielte zu jener Zeit bei einigen freundschaftlichen Länderspielen mit, wie gegen Deutschland (München, 2. April 1980; 1:0), gegen Argentinien (Wien, 21. Mai 1980; 1:5) und gegen Ungarn (Budapest, 4. Juni 1980; 1:1).

Vorbereitung für das Spiel Deutschland gegen Österreich mit Friedl Koncilia.

Willi Kreuz: Fußball – mein Leben

Ländermatch gegen gegen Deutschland in München am 2. April 1980: Als Kapitän mit Bernard Dietz und Schiedsrichter Michel Vautrot und im Spiel (unten).

Die Achillessehne

Diskussion beim Ländermatch gegen Deutschland mit Schiedsrichter Michel Vautrot.

In dieser Zeit meldete sich die Achillessehne immer wieder, ständig hatte ich Schmerzen, die leider nicht besser wurden, und so legte ich wiederholt Trainingspausen ein, um mich zu schonen.
Im Sommer fuhr ich mit meiner Familie nach Italien auf Urlaub. Ich dehnte meine Achillessehne beim Schwimmen im Meer, machte im Wasser diverse Übungen, und schon nach fünf, sechs Tagen verspürte ich tatsächlich keine Schmerzen mehr. Erleichtert dachte ich, ich könnte das Thema jetzt abhaken, da ich meinem Körper etwas Ruhe vom Training gegönnt und mich regeneriert hatte. Ich genoss also meinen Urlaub – bis ich auf das Sprungbrett des Pools stieg und ins Wasser sprang: Plötzlich war das Brennen und Ziehen wieder da.
So ging das dann eine Weile weiter. Die Schmerzen kamen und verschwanden wieder. Auch beim ersten Training nach dem Urlaub war das unangenehme Gefühl nach zehn Minuten Laufen wieder präsent und blieb fortan mein treuer Begleiter. Ich konnte zwar spielen, aber nur mit Schmerzen, trotz ärztlicher Behandlung und Physiotherapie. Irgendwann gab mir mein Arzt dann eine Cortisonspritze, und meine Beschwerden waren innerhalb eines Tages wie weggeblasen. Endlich konnte ich wieder befreit laufen.
Ich war glücklich, dass diese Dauerbelastung weg war, fühlte mich wie neugeboren, trainierte sehr viel, aber im Hinterkopf war sie immer da, die Angst, dass das Problem zurückkommen könnte. Mit der Zeit lernte ich, die ständigen Sorgen und die Unsicherheit auszublenden, und gewann langsam wieder die Sicherheit und das Vertrauen in meinen Körper zurück. Und dann riss sie doch …

ZURÜCKKÄMPFEN, WEITERE VERLETZUNGEN UND KARRIEREENDE

Es ging wieder aufwärts. Die schwierige Zeit nach der Operation und dem anstrengenden Kampf zurück verging irgendwann. Es kam der Tag, an dem ich endlich wieder ins Mannschaftstraining einsteigen konnte. Aber es fühlte sich nicht mehr wie früher an. Ich war noch nicht voll fit.
Ich blieb dran, arbeitete weiter täglich an meiner Fitness und wurde ins Nationalteam zu einem Probespiel gegen Gmünd einberufen. Aber es war zu früh für den Profisport, ich war auch zu verbissen, wollte es unbedingt erzwingen. Bei einem Doppelpass bekam ich den Ball in den Rücken gespielt, musste schnell stehen bleiben und mich umdrehen – ein plötzlicher Stich im Rücken, und ich konnte mich nicht mehr rühren. Ich stand auf dem Platz, regungslos, und war nicht in der Lage, eine einzige Bewegung zu machen. Das Spiel ging weiter. Ich hob die Hand, bis unser Masseur Josef „Pepi" Flenner kam und mich vom Spielfeld führte. Nach dem Match erhielt ich Infiltrationen. Ich war mit meinem Privatauto gekommen und fuhr noch selbst nach Linz zurück, obwohl mein Fuß wie eingeschlafen war, immer wieder fiel er weg. Im Krankenhaus in Linz bekam ich weitere Infiltrationen und Spritzen. Was war

das nun wieder? Hatte ich zu früh mit dem Spielen begonnen? Die Verzweiflung stieg wieder in mir hoch. Ich hatte so hart trainiert, und jetzt das.

Franz Ruhaltinger hatte gute Beziehungen zu den Ärzten im Linzer Krankenhaus, das auch den ersten Scanner hatte. Die Untersuchung ergab, dass ich eine Wirbelabnützung hatte, aber die Bandscheiben zum Glück nicht betroffen waren. Man verschrieb mir ein Medikament, aber der Fuß war nach wie vor taub und wurde auch nicht besser. Es war schlimm, und es wurde noch schlimmer. Als VÖEST Linz kurze Zeit später in Graz gegen den GAK antrat – ich war Kapitän –, ging fast gar nichts. Beim Sprinten war ich Letzter, und die Zuschauer wunderten sich, dass ich kaum einen Ball berührte. Ich wurde damals von Mario Zuenelli manngedeckt, der laut Trainer immer neben mir sein sollte. Ich sagte ihm gleich, dass ich gar nicht laufen könne. Es war zermürbend. So konnte es nicht weitergehen. Wie schon gesagt, mein Credo lautete: Wenn ich auf dem Platz stehe, will ich gut spielen.

Schweren Herzens traf ich die Entscheidung, so lange keine Matches mehr zu bestreiten, bis ich wieder vollkommen fit und leistungsfähig sein würde. Ich trainierte also weiter, und das Gefühl im Fuß kam langsam wieder zurück, sehr langsam allerdings. Auch mental war dieser Weg eine besondere Herausforderung für mich: den eigenen Körper und seine Grenzen neu kennenzulernen und zu versuchen, diese Barrieren zu überwinden, aber dem ganzen Prozess auch die Zeit zu

Mit meiner Familie in Linz.

geben, die es braucht. Und sich wieder selbst zu vertrauen. Ich wurde langsam wieder stärker, körperlich und seelisch. Die Zeit verging ...

Als *Spieler* bei VÖEST Linz.

Zurückkämpfen, weitere Verletzungen und Karriereende

Inzwischen lief die WM-Qualifikation für 1982. Ich wurde endlich wieder zu einem Spiel einberufen, und zwar gegen Finnland am 17. Juni 1981 in Linz – ich wurde in der letzten Viertelstunde eingesetzt. Wir gewannen 5:1. Zu diesem Zeitpunkt war mir nicht bewusst, dass es das letzte Länderspiel meiner Karriere sein würde.
Denn mein körperlicher Zustand wurde immer besser. Ich trainierte hart, hatte die WM 1982 schon vor Augen und wollte um jeden Preis dabei sein. Teamchef Karl Stotz war entlassen worden, interimistisch wurde Felix Latzke neuer Teamtrainer, gemeinsam mit Georg Schmidt. Ich hatte mit Latzke in der ersten Zeit bei Admira zusammengespielt, wir kannten uns also, waren aber keine Freunde. Fachlehrer Schmidt, der Co-Trainer, kam nach jedem Spiel zu mir und erkundigte sich nach meinem Zustand.
Ich fragte ihn, ob ich bei der WM dabei sein würde, er bejahte und meinte wiederholt: „Auf jeden Fall bist du dabei."
Das gab mir viel Auftrieb und Motivation.
Dann war es so weit. Ein 40-Mann-Kader (von dem dann 22 Mann letztendlich ausgewählt wurden und mitfahren durften) wurde erstellt, die Teilnehmer wurden im Fernsehen bekannt gegeben. Ich saß zu Hause und sah mir die Sendung an – mein Name wurde nicht genannt. Ich konnte es nicht glauben, es war ein regelrechter Schock für mich: Mein Name war nicht dabei. Somit war die WM 1982 für mich vorbei, ich wurde – als Teamkapitän mit 56 Länderspielen – nicht einmal im 40-Mann-Kader aufgestellt. Ich hatte so hart und verbissen auf dieses

Zurückkämpfen, weitere Verletzungen und Karriereende

Ziel hingearbeitet. Das war eine der bittersten Erfahrungen in meiner Karriere, und zwar auch deswegen, weil niemand, nicht einmal der Co-Trainer, es der Mühe wert gefunden hatte, mir diese Entscheidung persönlich mitzuteilen. Ich erfuhr es aus dem Fernsehen. Für mich brach eine Welt zusammen, ich glaubte, alles sei aus. Diese Enttäuschung und vor allem die Respektlosigkeit habe ich bis heute nicht vergessen. Grundsätzlich bin ich ein sehr positiver Mensch, der besonders als Fußballer immer daran glaubte, dass alles zu schaffen und zu erreichen sei, wenn man nur hart genug dafür arbeitet. Und genau das habe ich immer gemacht, egal, welche Rückschläge ich erlitt. Ich hatte über zehn Jahre immer mein Bestes für dieses Land gegeben und war dann ohne Gespräch einfach so eliminiert worden. Das zog mir den Boden unter den Füßen weg, und ich fiel emotional wieder in ein tiefes Loch. Fußball war immer mein Leben gewesen, meine Berufung. Was sollte ich nun machen? All das harte Training, um wieder zurückzukommen, all die Schmerzen, die ich in Kauf nahm, um schnell einsatzfähig zu werden. Es war sehr schwer auszuhalten.

Und so ging es leider weiter. Es war gerade keine gute Zeit für mich. Ich spielte noch bei VÖEST Linz, mein Vertrag sollte bald auslaufen. Aber es gab nur noch Probleme. Ich wollte mit dem Masseur auf die Kanaren fliegen, um mich dort fit zu machen. Ich besorgte nach der Zustimmung des Vereins die Flugtickets, bezahlte sie, aber zwei Tage vor dem Abflug kam der Masseur zu mir und sagte, der Verein verbiete ihm, mitzufliegen. Ich

musste die Tickets stornieren. Mein Vertrag lief aus, Ferdinand Milanovich wurde Manager. Man hielt mich wochenlang hin, bis man mir mitteilte, dass ich keinen neuen Vertrag bekommen würde. Trotz Ersuchens gab es kein persönliches Gespräch und keine Chance, wieder in Ruhe fit zu werden.
Zumindest wurde unser in der Zwischenzeit gebautes Haus in Lindabrunn in Niederösterreich endlich fertig. Wieder ein Neubeginn für uns. Meine Enttäuschung war trotzdem unendlich groß, ich dachte, die Leute zeigen alle mit dem Finger auf mich, ich kämpfte mit Versagensängsten. Es war eine sehr düstere Zeit für mich. Ich wollte das Haus nicht mehr verlassen, trainierte nicht mehr. Es ging auch nichts mehr, es waren zu viele Schocks, zu viele Enttäuschungen und negative Erlebnisse hintereinander gewesen. Ich ging einen Monat lang nicht mehr unter die Leute, versteckte mich die meiste Zeit im Haus und arbeitete an der Innenfertigstellung.

Die Zeit verging. Eines Tages im Jahr 1982 kamen Fritz Drazan und Sepp Schneider, damals Trainer von Eisenstadt, auf Besuch. Sie machten mir das Angebot, mich in Eisenstadt zu verpflichten. Ich lehnte ab, da ich nach wie vor Schmerzen hatte. Die beiden kamen aber wieder. Ich ließ mich letztendlich überreden und unterschrieb einen Einjahresvertrag für die Saison 1982/83. Als das Training begann, hatte ich fast zwei Monate keinen Sport gemacht. Mein gesamter Körper und alle Muskeln schmerzten. Aber es tat mir unendlich gut, wieder auf dem Rasen zu stehen und meinen Körper und Geist zu fordern.

Zurückkämpfen, weitere Verletzungen und Karriereende

Beim ersten Meisterschaftsspiel hatte ich kaum Ballkontakt. In der zweiten Woche wurde es nach intensivem Training schon besser. Auf der Hohen Warte gegen Vienna erzielten wir ein 0:0 (28. August 1982). In der dritten Runde spielte ich im Mittelfeld auf meiner Position und war schon recht gut in Form. Da passierte es: Ein Spieler fuhr mir mit dem gestreckten Fuß über das Schienbein. Ich musste sofort ins Krankenhaus in Eisenstadt: Die tiefe Fleischwunde wurde mit 25 Stichen genäht. Wieder eine Woche Pause! Es war extrem frustrierend.
Vor dem nächsten Match bekam ich eitrige Angina, hatte 40 Grad Fieber – und fiel wieder aus. Das war das Zeichen für mich, dass mein Körper nicht mehr mitspielte und auch nicht mehr konnte. Schweren Herzens traf ich wieder eine Entscheidung und teilte diese dann dem Trainer und dem Vorstand mit. Präsident Horvath war sehr entgegenkommend und meinte, ich sollte mich ein paar Monate lang auskurieren, ab Jänner könnte ich dann weitermachen. Auch mein Gehalt sollte weiterlaufen. Ich aber wollte nicht mehr, konnte auch nicht mehr, weder körperlich noch psychisch. Ich spürte einfach, dass es vorbei war, so weh es mir auch tat. Das war das Ende meiner aktiven Spielerkarriere in der höchsten österreichischen Spielklasse. Ich war zu dieser Zeit 33 Jahre alt.

In der ersten österreichischen Bundesliga spielte ich bei Admira (1966–1972) und dann bei VÖEST Linz (1978–1982), bestritt insgesamt 262 Spiele und schoss 106 Tore. In meiner Zeit bei Sparta Rotterdam (1972–1974) und Feyenoord

Willi Kreuz: Fußball – mein Leben

Rotterdam (1974–1978) stand ich bei 225 Spielen (inklusive Europacup-Spiele und UEFA-Cup-Spiele) auf dem Platz und erzielte 88 Tore.

Bei meinen 56 Einsätzen für die österreichische Nationalmannschaft gelangen mir insgesamt zehn Tore.

Der Österreichische Fußball-Bund dankt Herrn

Wilhelm Kreuz

für seine Verdienste in der Österreichischen Nationalmannschaft in 56 Länderspielen

Datum	Gegner	Ort	Ergebnis		Datum	Gegner	Ort	Ergebnis
19. 4. 1969	Zypern	Nicosia	2:1		22. 9. 1976	Schweiz	Linz	3:1
23. 4. 1969	Israel	Ramat Gan	1:1		13. 10. 1976	Ungarn	Wien	2:4
27. 4. 1969	Malta	Malta	3:1		24. 8. 1977	Polen	Wien	2:1
10. 5. 1969	BRD	Nürnberg	0:1		24. 9. 1977	DDR	Wien	1:1
12. 4. 1970	CSSR	Wien	1:3		12. 10. 1977	DDR	Leipzig	1:1
29. 4. 1970	Brasilien	Rio de Janeiro	0:1		30. 10. 1977	Türkei	Izmir	1:0
10. 9. 1970	Jugoslawien	Graz	0:1		20. 5. 1978	Holland	Wien	0:1
27. 9. 1970	Ungarn	Budapest	1:1		3. 6. 1978	Spanien WM	Buenos Aires	2:1
7. 10. 1970	Frankreich	Wien	1:0		7. 6. 1978	Schweden WM	Buenos Aires	1:0
31. 10. 1970	Italien	Wien	1:2		11. 6. 1978	Brasilien WM	M. d. Plata	0:1
4. 4. 1971	Ungarn	Wien	0:2		14. 6. 1978	Holland WM	Cordoba	1:5
26. 5. 1971	Schweden	Solna	1:0		18. 6. 1978	Italien WM	Buenos Aires	0:1
30. 5. 1971	Irland	Dublin	4:1		21. 6. 1978	BRD WM	Cordoba	3:2
8. 4. 1972	CSSR	Brünn	0:2		30. 8. 1978	Norwegen	Oslo	2:0
30. 4. 1972	Malta	Wien	4:0		20. 9. 1978	Schottland	Wien	3:2
29. 4. 1973	Ungarn	Budapest	2:2		15. 11. 1978	Portugal	Wien	1:2
23. 5. 1973	Schweden	Göteborg	2:3		30. 1. 1979	Israel	Tel Aviv	1:0
13. 6. 1973	Brasilien	Wien	1:1		28. 3. 1979	Belgien	Brüssel	1:1
26. 9. 1973	England	Wembley	0:7		2. 5. 1979	Belgien	Wien	0:0
10. 10. 1973	BRD	Hannover	0:4		13. 6. 1979	England	Wien	4:3
27. 11. 1973	Schweden	Gelsenkirchen	1:2		29. 8. 1979	Norwegen	Wien	4:0
27. 3. 1974	Holland	Rotterdam	1:1		26. 9. 1979	Ungarn	Wien	3:1
8. 6. 1974	Italien	Wien	0:0		17. 10. 1979	Schottland	Glasgow	1:1
4. 9. 1974	Wales	Wien	2:1		21. 11. 1979	Portugal	Lissabon	2:1
13. 11. 1974	Türkei	Istanbul	1:0		2. 4. 1980	BRD	München	0:1
2. 4. 1975	Ungarn	Wien	1:0		21. 5. 1980	Argentinien	Wien	1:5
7. 6. 1975	CSSR	Wien	0:0		4. 6. 1980	Ungarn	Budapest	1:1
3. 9. 1975	BRD	Wien	0:2		17. 6. 1981	Finnland	Linz	5:1

NEUBEGINN UND ERSTE TRAINER-STATIONEN

Wie sollte es nun weitergehen? Ich fühlte mich einerseits unendlich erleichtert und befreit, andererseits hatte ich Angst, wieder in ein Loch zu fallen, ohne meinen bisherigen Lebensinhalt Fußball und nach den bitteren Erfahrungen der letzten Jahre.

Um mich beschäftigt und fit zu halten, beschloss ich, gemeinsam mit Hans Krankl und Friedl Koncilia den Trainerkurs zu besuchen. Es klingt eigenartig, aber in der ersten Woche mussten wir einen Eignungstest absolvieren, ob wir überhaupt Fußballspielen konnten. Eine ganze Woche lang übten wir Grundlagen wie Dribbeln und Passen, Wechselpässe und Stoppen. Wir hatten Lauftraining und machten Kopfballübungen. Es genügte nicht, dass wir bei einer WM gespielt hatten und damals die Besten in Österreich waren. Wir nahmen es mit Humor, hatten unseren Spaß, der Schmäh lief, und wir wurden zur Ausbildung zugelassen. Nach dieser Woche folgte eine dreimonatige Pause bis zur ersten Trainerkurseinheit.

In der Zwischenzeit überlegte ich gemeinsam mit meiner Frau, was ich denn sonst noch arbeiten könnte, und da reifte die

Idee, eine Tabak-Trafik zu eröffnen. Wir machten uns also auf die Suche nach etwas Passendem. Karl Sekanina, der Präsident des Österreichischen Fußball-Bundes, zu dem ich immer einen guten Kontakt hatte, unterstützte mich dabei. Das war nach all den Niederlagen und der Ungewissheit der letzten Zeit endlich etwas Positives. Ich war zu dem Zeitpunkt aufgrund meiner Verletzungen schon zu 70 Prozent Invalide und daher auch berechtigt, eine Trafik aufzumachen. Ich fand ein Lokal in Alt-Erlaa, der Vertrag wurde unterschrieben. Die gesamte Einrichtung musste ich selbst investieren. Es war viel zu tun, man musste eine Zigarettenautomaten-Genehmigung einholen, einen Toto-Kurs und später einen Lotto-Kurs besuchen, mit den diversen Zulieferern Verträge schließen und Verkaufspersonal auswählen. Die Anfangszeit war hart, um fünf Uhr früh standen meine Frau und ich schon in der Trafik, um alles vorzubereiten, uns einzuarbeiten. Aber es war auch ein positiver Neubeginn und etwas ganz anderes als davor. Nach einiger Zeit hatten wir einen festen Kundenstock aufgebaut, und das Geschäft lief auch in den weiteren Jahren gut.

Zurück zur Trainerausbildung: Es folgte der erste Fortbildungsblock. Fast zeitgleich meldete sich der Fußballverein Untersiebenbrunn mit dem Angebot, mich als Spielertrainer verpflichten zu wollen. Ich war nun fast 34 Jahre alt. Ich überlegte, ob ich wieder spielen sollte – und nahm das Angebot an. In erster Linie ging es mir darum, Trainererfahrung zu sammeln. Untersiebenbrunn spielte damals in der 1. NÖ Landesliga. Und so unterzeichnete ich Anfang 1983 den Vertrag, auch wenn es ein paarmal in der Woche eine lange Autofahrt bedeutete. Ich war fit und konnte spielen. Wie durch ein Wunder war dann auch der gesamte Druck weg, der seit der geplatzten WM-Teilnahme auf mir lastete, mein Rücken wurde zunehmend besser und all die anderen Schmerzen ebenso. Ich hatte wieder Spaß am Spielen, schoss einige Tore, wir konnten sogar auf dem dritten Platz abschließen. Letztlich blieb ich bis 30. Juni 1985.

1986 kam dann ein Anruf von meinem Freund August Starek: „Willi, ich werde Trainer bei der Admira und hätte dich gerne als Co-Trainer, bist du interessiert?"
Natürlich war ich interessiert, hatte doch dort meine Karriere ihren Anfang genommen – ich nahm das Angebot ohne viel zu überlegen an. Ich kannte Gustl gut, und wir verstanden uns immer problemlos, das ist bis heute so. Ein zusätzlicher Pluspunkt war, dass die Anreise von mir zu Hause in Lindabrunn in die Südstadt deutlich kürzer als nach Untersiebenbrunn war und wieder eine neue Herausforderung auf mich wartete. Ich kannte alle Spieler, da ich dort quasi aufgewachsen war, und freute mich sehr auf meine neue Aufgabe. So gewann ich schrittweise wieder Zutrauen in mich und war sehr motiviert, weitere Erfahrungen als Trainer zu sammeln. Alles lief gut, und ich hatte endlich wieder dieses positive Gefühl in Zusammenhang mit dem Fußball, das mir so lange gefehlt hatte.
Gustl übertrug mir die Verantwortung für die Teilnahme am Wiener Stadthallenturnier 1986/87, das wir gewannen – im

Finale schlugen wir sogar die Austria. Es machte mir große Freude, mit dieser besonderen Mannschaft zu arbeiten.

Sieger des Stadthallenturniers 1986/87 mit Admira.

In der Saison 1987/88 waren wir gut unterwegs, bis uns 13 Runden vor Saisonende der Trainer abhandenkam: Gustl rief mich an und sagte mir, er hätte mit dem Verein gestritten – sie hätten ihn entlassen. Er hatte sich nie etwas gefallen lassen, tat immer lautstark seine Meinung kund. Ich sagte ihm, ich würde in dem Fall auch aufhören, er aber bestand darauf, dass ich das gemeinsame erfolgreiche Projekt zu Ende führen sollte. Und tatsächlich: Admira wollte mich für die letzten sieben Runden als Cheftrainer verpflichten. Ich sagte zu. Wir hatten eine gute Mannschaft aufgebaut, und ich war motiviert, als Trainer zu arbeiten.

Das erste Spiel gegen Austria Wien (19. März 1988) gewannen wir mit 3:1. Es folgten weitere gute Partien – bis zum letzten Spiel auf der Hohen Warte (gegen First Vienna FC am 7. Juni 1988). Wir hätten ein Unentschieden gebraucht, um in den UEFA-Cup zu kommen. Wir spielten gut, verloren aber durch

Admira Wacker unter Trainer August Starek.

ein dummes Foul an der Strafraumgrenze 2:1. Der Obmann kam zu mir, schrie mich an, dass ich daran schuld sei, dass wir verloren hätten, und fragte mich, warum der Tormann keine Kappe aufgehabt hatte, wenn die Sonne ihn geblendet hatte. Tormann Wolfgang Knaller sei alt genug, um das selbst zu entscheiden, entgegnete ich. Es folgten weitere Vorwürfe, um mir die Niederlage in die Schuhe zu schieben.

Nach 14 Tagen Urlaub begann wieder das erste Training. Die Spieler wollten alle, dass ich als Cheftrainer bliebe. Aber nachdem ich den Trainerkurs noch nicht abgeschlossen hatte und keine Trainerlizenz besaß, wurde Ernst Weber als Coach eingesetzt und ich wieder als Co-Trainer. Das genügte mir dann nach einiger Zeit nicht mehr, und so verließ ich den Verein mit Ende Juni 1988.

Einige Zeit später, ich hatte den Trainerkurs nun absolviert, meldete sich VÖEST Linz und machte mir ein Angebot als Trainer – sie wollten aus der 2. wieder in die 1. Division der österreichischen Bundesliga aufsteigen. Da ich weiter Erfahrung als Trainer sammeln wollte, stimmte ich zu. Der Vertrag war in Ordnung, ich bekam sogar eine Wohnung in Linz und pendelte zwischen Lindabrunn und meiner neuen Arbeitsstätte.
Ich begann mit der Saison 1988/89 am 26. September 1988. Im ersten Jahr versäumten wir knapp den Aufstieg. Die Saison 1989/90 gestaltete sich sehr schwierig, da wir aufsteigen

wollten. Wir lagen auf dem dritten Platz, der uns berechtigt hätte, in die 1. Division aufzusteigen. Leider wurde ich zwei Runden vor Ende der Saison von meinem Manager und damaligem Freund Ferdinand Milanovich abgesetzt. Man teilte mir sinngemäß mit, man könne mir nichts vorwerfen, nur dass ich kein Glück hätte. Sie glaubten nicht, dass sie mit mir noch aufsteigen könnten. Das war eine Anspielung auf das Spiel drei Runden vor Saisonende, bei dem wir einen Elfmeter kassiert hatten. Also wieder ein Negativerlebnis für mich! Ich hatte mich für die Mannschaft eingesetzt, sie aufgebaut, der Zusammenhalt im Team passte, und wir hätten den Aufstieg schaffen können. Ich hatte nicht mit meiner Absetzung gerechnet. Aber so ist dieser Sport wohl – egal, ob man Spieler oder Trainer ist. Die Mannschaft verlor die letzten beiden Spiele und stieg nicht auf. Nebenbei bemerkt holte ich damals Frankie Schinkels zu VÖEST Linz – einen Holländer, der bei Austria gespielt hatte und gerade verletzt war. Ich holte ihn trotz seiner Verletzung nach Linz, handelte ihm einen guten Vertrag aus und trainierte tagelang mit ihm, bis er wieder voll fit war und als Top-Spieler eingesetzt werden konnte.

Auch privat war es keine gute Zeit für mich: Meine Frau und ich ließen uns scheiden und verkauften das Haus in Lindabrunn nach nur acht Jahren. Alles veränderte sich ... Zum Glück blieb der Kontakt zu den Kindern bis heute erhalten.

TRAINER VON STOCKERAU –
CUPFINALE UND CUPSIEGER

1990 wurde ich als Trainer nach Stockerau geholt. Der Verein war am letzten Spieltag durch ein besseres Torverhältnis (ein Tor) nicht abgestiegen und spielte in der 2. Liga. Ich übernahm eine außerordentlich gute Mannschaft mit Spielern wie Rudolf Weinhofer, Michael Keller, Walter Binder, Peter Pospisil und dem ehemaligen Torhüter von Austria Salzburg, Peter Zajicek. Unser Manager Roland Seidl drückte mir eine Mappe mit einer Auswahl an Spielern in die Hand, von denen ich mir fünf aussuchen und verpflichten sollte. Ich wollte aber nur einen Spieler, und zwar Marek Ostrowski. Er spielte 37-mal im polnischen Nationalteam und war ein begnadeter Mittelfeldspieler. Die Sache hatte nur einen Haken: Er war dem Manager zu teuer. Ich beharrte jedoch auf meinem Wunsch, und letztlich gelang es mir doch, Ostrowski nach Stockerau zu holen. Die Mannschaft war stabil und spielte gut. In der Herbstmeisterschaft qualifizierten wir uns als drittplatzierter Verein mit nur zwei Punkten Rückstand auf Herbstmeister Mödling und VÖEST Linz für das im Frühjahr ausgespielte Aufstiegs-Playoff zur 1. Bundesliga.

Zu den Meisterschaftsspielen kamen nun noch die Cupspiele dazu, das hieß: Dienstag oder Mittwoch Cup und Freitag Meisterschaft. Das kostete viel Kraft, denn außer Ostrowski waren alle Spieler berufstätig. Ich hatte in Stockerau einen Kader von 18 Mann, keinen Tormanntrainer und keinen Co-Trainer. Ich trainierte alle selbst: eine Stunde vor Trainingsbeginn die Torleute und anschließend die Mannschaft.

Das erste Cupspiel gegen den SC Wiener Neustadt fand am 15. August 1990 statt, und wir gewannen 8:2, das zweite Match zu Hause gegen St. Pölten, einen Bundesligaverein, endete 2:0 (4. September 1990). Im dritten Cupspiel zu Hause (9. April 1991) gegen Admira Wacker erzielten wir ein 3:2. Gegen VÖEST Linz spielten wir dann am 23. April 1991 und siegten mit 3:1. Wir erarbeiteten uns einen Sieg nach dem anderen und standen schließlich einigermaßen unerwartet im Halbfinale.
Dieses fand am 8. Mai 1991 gegen den Wiener Sportclub statt. Wir gewannen mit 1:0 und standen damit im Finale! Alle waren außer sich, konnten es nicht fassen, und unser Finalgegner war kein Geringerer als Rapid Wien. Keiner der Spieler glaubte, dass wir einen Sieg schaffen könnten, denn schon das Erreichen des Finales war eine unglaubliche Leistung gewesen. Nur ich war damit nicht zufrieden, denn wenn man so weit gekommen ist, ist auch ein Sieg nichts Unmögliches. Das hatte ich in meiner aktiven Zeit speziell in Holland gelernt. Man muss in jedem Spiel sein Bestes geben, davor kann man nicht zufrieden sein.
So motivierte ich meine Spieler, sprach davon, dass wir das Fi-

nale gewinnen könnten und dass das eine einmalige Chance sei: „Burschen, wir sind so weit gekommen, aber wenn wir nur das Cupfinale erreicht haben, ist das nicht genug. Das zählt nichts. Nur wenn wir gewinnen, redet man in 20 Jahren noch davon. Wir haben nichts zu verlieren, wir haben die anderen Bundesligavereine geschlagen, also können wir auch Rapid besiegen. Das ist das Spiel eures Lebens!"
Es gab viele Pressetermine, und vor dem Spiel stand ich gemeinsam mit Hans Krankl auf dem Spielfeld – fürs Shakehands vor dem Pokal. Unser beider Ehrgeiz, als Spieler immer top zu sein, spiegelte sich auch in unserem Trainerleben wider, aber für mich stand nichts auf dem Spiel, da niemand den Einzug ins Finale von uns erwartet hatte. Ich war nicht der Favorit.

Der Finaltag, der 30. Mai 1991, ein Donnerstag, kam. Laut Durchsage des Stadionsprechers waren 12.000 Zuschauer im Wiener Praterstadion.

Hier die Mannschaftsaufstellungen:
SV Stockerau: Peter Zajicek – Michael Keller – Josef Mazura – Michael Wenzel – Andreas Wacek – Walter Binder – Peter Pospisil – Marek Ostrowski – Rudolf Weinhofer – Alfred Augustin – Josef Marko (90. Minute: Roman Wiktora).
Rapid Wien: Michael Konsel – Peter Schöttel – Michael Hatz (55. Minute: Andreas Poiger) – Heimo Pfeifenberger – Stefan Reiter – Christian Keglevits – Helmut Hauptmann – Andreas Herzog – Franz Resch (60. Minute: Andreas Reisinger) – Hernán Medford – Jan Åge Fjørtoft.

Das Match begann. Nach acht Minuten bekamen wir ein Tor: 1:0 für Rapid durch Stefan Reiter. Das war nicht der Einstieg, den wir uns erhofft hatten. Aber ich feuerte meine Mannschaft an, dranzubleiben und nicht gleich aufzugeben, sondern weiterzuspielen und zu kämpfen. Noch einmal betonte ich, dass es das Spiel ihres Lebens werden könnte. Und dann geschah Folgendes: Rapid machte keinen Druck mehr, zog sich zurück, und wir kamen immer besser in unser Spiel. Ich stellte Walter Binder zu Andreas Herzog und sagte ihm, er müsse bei Andi bleiben, was er perfekt umsetzte. Die Taktik ging auf, und von da an lief alles für uns. In der 30. Minute schoss Michael Wenzel den Ball volley ins Kreuzeck. Es stand 1:1.

Ich merkte, dass die Mannschaft nervös wurde, und sagte ihnen, wir würden jetzt so weiterspielen und das Ding gewinnen. Wir waren in der zweiten Halbzeit klar die Besseren, hatten drei Torchancen und einen nicht gegebenen Elfmeter. Nach einem Corner machte Peter Pospisil dann in der 52. Minute das 2:1. Was für ein Jubel! Wir führten! Und wir erarbeiteten uns zusätzliche Torchancen. Ein weiterer Elfmeter wurde nicht gegeben, bis dann endlich der erlösende Schlusspfiff kam. Es war ein unbeschreibliches Gefühl, noch einmal so einen besonderen Erfolg feiern zu dürfen, diesmal als Trainer, und ich freute mich so für die Mannschaft.

Eine Menschentraube trug mich auf den Schultern durch das Stadion, alle waren außer sich vor Freude. Wir genossen unseren einmaligen Cupsieg.

Willi Kreuz: Fußball – mein Leben

30. Mai 1991: Cupsieg mit dem SV Stockerau.

Trainer von Stockerau – Cupfinale und Cupsieger

Großer Jubel über den Cupsieg.

Zwei Tage später gab es am Rathausplatz in Stockerau einen großen Empfang des Bürgermeisters. Ich musste meine Wette einlösen und mit meinem Zeugwart in einem Fiaker im weißen Smoking durch Stockerau fahren. Aber das war es wert.

Das war noch einmal so ein besonderer Moment in meiner Karriere, für den ich bis heute sehr dankbar bin.

Es folgte die Auslosung für den Europacup: Das heißt, Stockerau durfte 1991/92 am Europacup der Cupsieger teilnehmen. Wir spielten im Wiener Stadion, dem späteren Ernst-Happel-Stadion, vor rund 15.000 Zuschauern gegen Tottenham Hotspur, die mit einem Staraufgebot rund um den englischen WM-Torschützenkönig von 1986, Gary Lineker, antraten, und verloren knapp 1:0. Leider verschossen wir einen Elfmeter, hielten uns aber insgesamt ausgezeichnet.

Mit Gary Lineker vor dem Spiel gegen Tottenham Hotspur.

Danach flogen wir nach London ins Tottenham Hotspur Stadium zum Retourmatch. Wir spielten mit zwei Vorstoppern: Einen setzte ich auf Lineker an, der andere sollte ihn absichern. Lange passierte nichts, dann erzielte Tottenham das 1:0. Wir konnten unsere Stärken leider nicht ausspielen. So verloren wir ein zweites Mal mit 1:0. Wir verkauften uns aber gut, und der Verein nahm Geld ein.

Mein Vertrag lief aus, Stockerau wollte mich aber weiter behalten. Rückblickend war es ein Fehler, für ein weiteres Jahr zu unterzeichnen, um mit der Mannschaft in die Bundesliga zu kommen. Denn die Spieler waren nach der vergangenen herausfordernden Saison erschöpft. Alle anderen Mannschaften dagegen waren motiviert, gegen uns als Cupsieger zu gewinnen. Im Winter lagen wir auf Platz zehn. Somit beendete ich die Trainerkarriere bei Stockerau mit 31. Dezember 1992 und bereute es, dass ich nicht am Höhepunkt des Erfolgs aufgehört und auf ein Bundesliga-Angebot als Trainer gewartet hatte.

Die Kampfmannschaft von Stockerau.

WEITERE TRAINER-STATIONEN

Meine nächste Station als Trainer war ÖMV Stadlau, wo mein Bruder Obmann war und sich von mir Wunder erhoffte. Ein Jahr lang, von Mai 1993 bis Juni 1994 hielt ich durch. Dann verließ ich den Verein, da ich in der kurzen Zeit nicht so viel bewegen konnte, wie man von mir erwartet hatte.

Ich beschloss, etwas Abstand vom Fußball zu nehmen und genehmigte mir eine Auszeit. Private Schicksalsschläge folgten: Drei meiner Brüder starben kurz hintereinander.

1995 bekam ich wieder ein Angebot von Untersiebenbrunn (1. NÖ Landesliga), und zur selben Zeit fragte mich auch St. Pölten an, die in der 2. Liga spielten. Ich entschied mich für St. Pölten, Roland Seidl war dort Manager. Sie waren Herbstmeister und hatten die Chance zum Aufstieg in die Bundesliga. Das war rückblickend keine gute Entscheidung, denn alle dortigen Profis mussten den Verein verlassen, und das gesamte Team wurde durch junge Spieler ersetzt. Die Mannschaft musste komplett neu aufgebaut werden. Doch es war kein Geld vorhanden, man konnte nicht arbeiten. Nach einigen Monaten hörte ich also wieder auf. Ich war froh, denn es war täglich eine

Weitere Trainerstationen

weite Fahrt nach St. Pölten und wieder retour gewesen.

Meine nächste Station ab Juli 1996 war der SV Teleges Gablitz, der in der 2. Landesliga spielte – eine schöne neue Aufgabe. 1998 wurden wir Meister und stiegen damit in die 1. Landesliga auf (1998/99). Der Verein hatte eine engagierte Obfrau, die uns vieles ermöglichte, beispielsweise konnten wir auf ein Trainingslager ins Ausland fahren. Es war eine produktive Zeit, bis ein Wechsel im Präsidium erfolgte und sich alles verschlechterte – vor allem mangelte es an Geld. Wir hatten in der Kabine keine Heizung und kein warmes Wasser mehr. Es war also nicht leicht, den Trainingsbetrieb aufrecht zu halten. Aber wir spielten gut und waren an sich schon drei Runden vor Meisterschaftsende nicht mehr einholbar. Nach einem Disput mit dem Obmann wurde mein Vertrag nicht mehr verlängert, und so verließ ich den Verein mit Ende Juni 1999.

1999 bis 2001 war ich dann nochmal Trainer in Stockerau, 2006 ein halbes Jahr bei SV Donau Wien. Dann hatte ich für einige Jahre wieder genug vom Fußball.

TRAINER BEIM ASK BAD VÖSLAU
UND ABSCHLIESSENDE STATIONEN

2009 kam unerwartet ein Angebot von Bad Vöslau herein. Der Verein lag im Herbst 2009 auf dem letzten Platz der 1. NÖ Landesliga. Ich überlegte und nahm an. Es reizte mich, wieder als Trainer zu arbeiten, der Fußball fehlte mir. Wir konnten keine Spieler kaufen, nur ein Stürmer wäre zu verpflichten. Mein erstes Spiel als Trainer am 6. März 2010 verloren wir 2:1 in Mistelbach, obwohl wir gut gespielt hatten. Fortan ging es bergauf, aber nicht schnell genug, und so konnten wir uns in der Tabelle nicht verbessern. Ich hatte eine sehr gute Mannschaft aus Amateuren, aber es gab wieder einmal keinen Tormanntrainer und auch keinen Co-Trainer. Doch die Verantwortlichen des Vereins standen zu 100 Prozent hinter der Mannschaft und organisierten uns zum Beispiel ein Trainingslager in der Türkei.

Vor dem entscheidenden Spiel – wir brauchten einen Sieg, um nicht abzusteigen – sprach ich mit dem Obmann und fragte ihn, ob wir uns von Freitag auf Samstag kasernieren könnten.

In Baden machten wir dann noch am Abend vor dem Match um 22 Uhr ein lockeres Training. Um 16.30 Uhr am nächsten Tag (12. Juni 2010) fand die wichtige Begegnung gegen Schrems statt. Bis zur Pause stand es 0:0, in der 48. Minute gab es einen Freistoß für uns, und es stand 1:0 (Torschütze Patrick Koiner). Es waren um die 700 Zuschauer am Platz, die uns massiv unterstützten. Die Gegner hielten uns noch bis zum Ende des Spiels in Schach. Endlich war der erlösende Schlusspfiff da. Man kann sich vorstellen, was dann los war. Standing Ovations von den Zuschauern, es war eine Sensation, dass wir das noch geschafft hatten. Ich war erleichtert und fühlte mich als Trainer wieder auf dem richtigen Weg. Die Saison war vorbei, und ich unterschrieb einen Zweijahresvertrag beim ASK Bad Vöslau.

Ich konnte nun in Ruhe arbeiten und eine starke Mannschaft aufbauen. Im Jahr 2010/11 erreichten wir den vierten Platz, in der Saison 2011/12 wurde die Mannschaft verstärkt, und wir beendeten die Saison auf dem dritten Tabellenplatz.

Damit kamen wir in den österreichischen Cup und traten am 5. August 2011 zu Hause gegen den Wiener Sportclub an. Jeder glaubte, dass es für uns schnell vorbei sein würde. Wir spielten aber stark und gewannen sensationell 2:1. So waren wir wieder eine Runde weiter und konnten als nächsten Gegner nur mehr einen Bundesligaverein ziehen.

Drei Wochen später fand die Cupauslosung für die zweite Runde im *Hilton Vienna* statt. Die Auslosung lautete: Bad Vöslau gegen Rapid Wien. Also wieder gegen Rapid (21. September 2011)! Ich war aber jetzt mit Bad Vöslau in der 1. Landesliga. Am Vöslauer Sportplatz wurde eine Zusatztribüne aufgebaut, und es gab sogar ein VIP-Zelt. Rund 3000 Zuschauer waren dabei. Das war für meine Mannschaft etwas Besonderes, da sie noch nie vor so großem Publikum gespielt hatte, und natürlich war bei einigen auch Angst und viel Respekt dabei. Ich versuchte, den Druck rauszunehmen. Trainer von Rapid war Peter Schöttel. Das Spiel begann sehr unglücklich. Nach elf Minuten gab es einen Elfmeter zum 1:0, zwei Minuten später das 2:0, und in der 32. Minute stand es 3:0 für Rapid. In der Pause sprach ich den Spielern noch einmal Mut zu. Sie mussten den Anschlusstreffer schaffen, sonst würden sie ein Debakel erleiden. Fünf Minuten später rutschte der junge Patrick Koiner in den Ball hinein und riss sich das Kreuzband ab; das schmerzte mich eigentlich am meisten. Die Mannschaft gab aber nicht auf. Ein Elfmeter von Wöhrer führte zum 3:1. Wir verloren das Spiel mit 4:1, hatten aber einige gute Aktionen geliefert. Eigentlich konnten wir zufrieden sein.

Die Meisterschaft ging weiter. Wir hatten noch drei Meisterschaftsspiele, die wir gewannen.

Wir spielten in der Folge noch zweimal um den Cup mit, kamen aber nie weiter als bis zur zweiten Runde, auch weil wir gegen Bundesligavereine wie Mattersburg antreten mussten.

Zu jener Zeit musste ich wieder ins Krankenhaus: Ich brauchte zwei Knieimplantate, da ich vor lauter Schmerzen kaum noch gehen konnte. Ich ging zu Dr. Schmidt, dem Sohn des ehemaligen Rapid-Arztes, und wir entschieden, beide Knie Anfang Dezember auf einmal zu machen. Es war eine sechsstündige Operation, danach war ich eine Woche im AKH in Wien. Es folgten drei Wochen Rehabilitation im Klinikum Malcherhof in Baden. Mit 10. Jänner begann wieder das Training. Da stand ich aber noch mit Krücken auf dem Platz. Der Flug zum folgenden Trainingslager in der Türkei mit den beiden Knieimplantaten war spannend für mich – bei jeder Sicherheitskontrolle am Flughafen schlugen sie an. In der Türkei stand ich eine Woche lang dreimal täglich auf dem Fußballplatz – es war eine enorme Anstrengung. Aber der Heilungsprozess schritt voran, und langsam wurde es besser. Wir spielten wieder eine gute Saison. Im Winter verließ leider der damalige Obmann den Verein und wurde Chef der Sportschule Lindabrunn. Von da an gab es weniger Budget, zehn bis zwölf Stammspieler mussten den Verein verlassen.

Die nächste Saison begann, mein Vertrag lief noch ein Jahr. Wir hatten eine Woche lang Sichtungstraining. Jeden Tag kamen 20 Spieler von Wien und Umgebung, und ich musste eine Auswahl treffen. Wir verpflichteten zehn neue Spieler. Es war keine leichte Aufgabe – wir waren als Mannschaft noch nicht eingespielt und verloren etliche Spiele. Es passte dann vieles im Verein nicht mehr zusammen, und nachdem ich meine Meinung dazu kundgetan hatte, kündigte man mich. Ich akzeptierte das, packte im Oktober 2014 meine Sachen und wollte eigentlich gar nichts mehr mit dem Fußball zu tun haben.

In meiner Zeit als Trainer ...

Danach folgten in meiner Trainerlaufbahn noch einige kleinere Vereine wie Klingenbach und Wimpassing, ehe ich Ende 2016 meine aktive Trainerlaufbahn beendete. Ich wollte nicht mehr in diesem Bereich tätig sein. Der Zeitpunkt passte. Es war genug. Ich hatte genug.

<u>Trainingsmethodik als Trainer</u>
Ich habe die höchste Trainerlizenz absolviert und nach meiner aktiven Zeit als Fußballer mit kurzen Unterbrechungen fast 20 Jahre als Trainer gearbeitet. Bei Stockerau war ich zwei Jahre lang auf mich selbst gestellt, machte alles selbst, war Trainer, Co-Trainer und Tormanntrainer in einem. Ich war im-

mer ein harter Arbeiter und habe das als Trainer auch von meinen Spielern verlangt. Meine Trainingsmethoden waren eine Mischung aus jenen Methoden, wie ich sie zu meiner aktiven Zeit kennengelernt und trainiert habe.

Doch eines stand für mich immer im Vordergrund: Man muss wissen, wie man seine Spieler motiviert, und zwar nicht nur jene, die gerade eingesetzt werden. Die Kunst ist es, gerade jene, die im Moment nicht spielen können, weiter zu motivieren, damit sie zu 100 Prozent dabeibleiben – bis zu ihrem nächsten Einsatz. Und auch der Humor durfte bei mir nie fehlen. Das bringt eine gewisse Leichtigkeit ins Spiel und ist für das Mannschaftsgefüge von enormer Wichtigkeit. Für mich stand immer der Mensch an erster Stelle.

DIE 78ER-MANNSCHAFT
IM WEITEREN VERLAUF …

Um nochmal einen Blick zurück in die Zeit nach der Weltmeisterschaft 1978 zu machen: Ich erinnere mich, dass der Rechtsanwalt und Spielerberater Dr. Skender Fani Anfang der 1990er-Jahre die Idee hatte, die WM-Mannschaft zu vermarkten. So absolvierten wir pro Jahr zirka zehn Spiele mit den Spielern der 78er-Mannschaft, mit dabei waren zum Beispiel Koncilia, Prohaska, Krankl, Sara, Strasser, Baumeister und andere. Wir spielten in ganz Österreich, zu jedem Match kamen um die 4000 bis 5000 Zuschauer. Es war eine großartige Sache. Wir traten auch gegen junge Mannschaften an, nicht nur gegen Senioren. Für mich war es eine große Freude, mit dabei zu sein, der Schmäh lief wie eh und je, aber wir wollten auch nicht verlieren und nahmen die ganze Sache schon sehr ernst. Nebenbei konnten wir natürlich wieder unser fußballerisches Können und unsere Tricks zeigen. Auch Franz Hasil, ein begnadeter Fußballer, spielte ab und zu noch mit.

1993 fand die Copa Pelé (2. bis 11. Juli) statt, an der Österreich erstmals teilnahm. Das war eine Art Weltmeisterschaft der

Die 78er-Mannschaft im weiteren Verlauf ...

ehemaligen Fußballprofis, die in Nationalteams gespielt hatten, unter anderem unsere 78er-Mannschaft. Unser Trainer war Franz Hasil. Ich war inzwischen 44 Jahre alt.

In unserem ersten Spiel in Klagenfurt gegen Argentinien erreichten wir ein 1:1. Im zweiten Gruppenspiel gewannen wir 4:2 gegen die Deutschen – eine gute Leistung unseres Teams, wir boten den Zuschauern großartigen Fußball und Tricks am laufenden Band. Es machte unendlich viel Spaß.

Die österreichische Mannschaft bei der Copa Pelé.

Das letzte Gruppenspiel gegen Uruguay gewannen wir sogar mit 6:2. Walter Schachner war in Topform – er erzielte zwei Treffer und machte drei Torvorlagen. Uruguay spielte passabel mit, war im Abschluss aber ungefährlich. Ich schoss das erste Tor in der siebenten Minute.

Im Semifinale durften wir dann gegen Brasilien antreten, die unter anderem Rivellino mitgebracht hatten. Walter „Schoko" Schachner schoss alle drei Tore beim 3:1 Sieg, und wir standen plötzlich im Finale.
Dort wartete Italien auf uns. Das Match wurde in Triest ausgetragen. Es war aufregend und schön, wieder an so einem großen Turnier teilzunehmen. Italien siegte mit 2:0. Aber wir belegten den exzellenten zweiten Platz und wurden Vizeweltmeister.

Im Jahr 2010 inszenierte der ORF die zweite Staffel der Fernsehshow *Das Match* mit zwei Trainerteams: Auf der einen Seite stand das Team *Herbert Prohaska* mit mir als seinem Co-Trainer und auf der anderen Seite das Team *Hans Krankl*. In beiden Mannschaften waren neben den Fußballlegenden auch viele Musiker und Kabarettisten vertreten. Eine Woche lang wurde das Trainingscamp in Stegersbach von einem Kamerateam begleitet. Es war eine aufregende Sache und eine lustige Zeit. Wir lachten Tränen, obwohl es auch sehr anstrengend war. Am Wochenende folgte dann das Match: Team *Prohaska* gegen Team *Krankl* vor ungefähr 3000 bis 4000 Zuschauern. Die Stimmung war großartig. Der Sieger dieser Partie durfte die Mannschaft für das Länderspiel der Senioren gegen Deutschland zusammenstellen. Krankls Mannschaft war klar besser. Aber wir gewannen das Spiel 2:0.
Gemeinsam stellten die Trainer einen 17-Mann-Kader (bestehend aus zehn Prominenten und sieben Legenden) zu-

sammen. Wir flogen am Samstag darauf nach Altach und spielten am 4. Juni 2010 vor rund 8000 Zuschauern gegen die Senioren von Deutschland mit ebenso zehn Prominenten und sieben Legenden wie Lothar Matthäus, Paul Breitner und anderen bekannten ehemaligen Spielern. Wir gewannen 5:2. Nach dem Spiel wurde gefeiert, Toni Polster und Hans Krankl gaben ihre Gesangskünste zum Besten. Es war ein großartiges Fest. Wieder all die früheren Mitspieler zu treffen, war eine besonders schöne Erfahrung, an die ich mich heute noch gern erinnere.

RÜCKBLICK UND WAS BLEIBT ...

Fußball hat mein Leben als Kind und Jugendlicher sehr zum Positiven verändert, er war und ist meine Leidenschaft, er gab mir in dieser Zeit, als wir nicht viel zum Leben hatten, alles und wurde so zu meiner Berufung. Während meiner aktiven Zeit machte er mich finanziell unabhängig und schenkte mir viele erfolgreiche Momente, aber ich musste dafür immer sehr hart arbeiten und viel einstecken.

Es gab im Laufe meiner Karriere im Spitzensport viele körperliche und mentale Herausforderungen. Denn oft genug erlebte man auch trotz guter Vorbereitung und Siegeswillen Niederlagen, wie zum Beispiel als wir 1973 in England 7:0 und gleich 14 Tage danach gegen Deutschland 4:0 verloren. Misserfolge, die schmerzten und die man mal besser, mal schlechter wegstecken konnte. Die einen jedenfalls prägen. Wenn man sich von solchen Niederlagen jedoch nicht unterkriegen lässt und nicht aufgibt, sondern weiterarbeitet, machen sie einen letztendlich nur stärker. All das erforderte sehr viel Arbeit an sich und seiner Persönlichkeit: Man musste unter anderem mit Kritik und Abwertung umgehen lernen, sich und sein Verhalten ständig reflektieren, immer noch besser werden wollen, sehr diszipliniert sein, Bedürfnisse zurückstellen und verzichten lernen, sich gezielt weiter auf seinen Weg fokussieren und den Glauben an sich – besonders in schwierigen Zeiten – nicht verlieren. All das nahm ich gern in Kauf und ordnete so mein Leben dem Fußball unter.

Auch im Nationalteam wusste jeder, worum es ging. Wie meinte Ernst Happel einst so schön: „Wieso muss man die Spieler überhaupt motivieren, wenn sie doch für die Nationalmannschaft spielen dürfen!"

Von der ersten bis zur letzten Minute gibt man in einem Ländermatch alles, was man kann – und nur so kann man das Publikum als zwölften Mann mitnehmen.

Zehn Jahre lang hatte ich glücklicherweise keine schwerwiegenden Verletzungen gehabt, konnte für Sparta und Feyenoord Rotterdam jedes Spiel absolvieren. Bei VÖEST Linz zog ich mir 1979 zuerst einen Bänderriss im linken Knöchel zu, der zum Glück aber schnell heilte. 1980 riss jedoch dann die Achillessehne, und es war schwer, wieder zurückzukommen. Mein Körper war nach den intensiven Trainingseinheiten in Holland damals schon sehr abgenützt. Das ist wohl die Schattenseite des Erfolgs, der nur durch hartes Training möglich war. Ich denke oft zurück an die quälenden Gedanken, ob ich überhaupt noch einmal spielen könnte, wie lange es dauern würde, wieder fit zu werden etc. Diesen Weg habe ich im Buch ausführlich beschrieben.

Neben diesen beiden Verletzungen hatte ich in meiner Spieler-

und Trainerzeit zudem eine Wirbelabnützung, eine abgerissene Sehne am Finger, einen Seitenbandriss, eine tiefe Fleischwunde, einen Nasenbeinbruch, einen Jochbeinbruch, einen Bandscheibenvorfall, dazu noch zwei Meniskusoperationen.

Ich wollte eigentlich während meiner aktiven Profizeit noch vieles umsetzen, was mir leider nicht gelang. Ich bereue nichts. Es war ein Weg mit Höhen und Tiefen, vielen Rückschlägen, und irgendwann musste man sich dann eingestehen, dass es nun vorbei war, dass man plötzlich nicht mehr im Rampenlicht stand, nicht mehr gefragt war. Man musste sich wieder neu orientieren und einen neuen Sinn für den weiteren Lebensweg suchen.

Eine Begebenheit ist mir in besonderer Erinnerung geblieben: Man plante ein Abschiedsspiel für einige verdienstvolle Nationalteamspieler. Es sollte in Hütteldorf im ehemaligen Hanappi-Stadion stattfinden, und zwar vor dem Länderspiel Österreich gegen Griechenland am 18. April 1984. Wir hätten also vor 5000 Zuschauern vor dem eigentlichen Match antreten sollen. Ein ehemaliger Teamkollege rief mich an und meinte, das hätten wir uns wirklich anders verdient, und wir entschieden, diese „Ehrung" und das Spiel abzusagen, denn im Vergleich dazu würde man für die deutschen oder holländischen bedeutenden Fußballer ein Abschiedsspiel mit rund 70.000 Zuschauern organisieren. Unser Fazit daraus: Bei uns in Österreich gibt es keine adäquate Würdigung für verdienstvolle Spieler.

Vor zehn Jahren bekam ich dann zwei neue Kniegelenke implantiert, da ich unerträgliche Schmerzen beim Gehen hatte. 2018 musste ich mich im Frühjahr einer Hüftoperation unterziehen – auch die Hüfte war durch den Sport komplett abgenützt. Die Operation verlief gut, das neue Hüftgelenk passte. Ich durfte schon am Tag danach aufstehen und ein paar Schritte gehen, nach vier Tagen wurde ich aus dem Krankenhaus entlassen. Einen Monat später bekam ich plötzlich Fieber. Von Tag zu Tag fühlte ich mich elender, hatte Schüttelfrost. Der Gedanke, dass es etwas mit der Hüfte zu tun haben könnte, kam mir nicht in den Sinn. Meine jüngere Tochter befahl mir schließlich, endlich ins Krankenhaus zu fahren, sonst würde sie mir die Rettung schicken. Dort machte man sofort ein Röntgen und ein Blutbild: Mein CRP-Wert war so hoch, dass ich sofort in den OP-Saal gebracht wurde. Die gesamte Hüfte stand unter Eiter. Ich hatte einen Keim. Die Hüftprothese wurde wieder entfernt. Als Ersatz bekam ich ein Provisorium, einen sogenannten Stabilisator. Der Arzt meinte, wenn ich zwei Stunden später in die Klinik gekommen wäre, wäre ich jetzt tot. Auch sei ich ihnen während der Operation einmal weggeglitten, und sie hätten mich wieder ins Leben zurückholen müssen. In den Tagen danach hatte ich unsagbare Schmerzen, bekam täglich sieben Infusionen und musste 20 Tabletten schlucken. Ich konnte mich kaum bewegen. Auch mein Geschmacksinn war weg. Das Bein mit dem Stabilisator musste ich mit einem Gürtel aus dem Bett heben, um mich mit Krücken auf dem anderen Bein humpelnd zum WC zu schleppen. Warum muss ich

Rückblick und was bleibt ...

so ein Martyrium erleiden, fragte ich mich verzweifelt und versuchte Stunde um Stunde, irgendwie zu überleben. Man verabreichte mir sogar Morphium, um die Schmerzen zu lindern, davon bekam ich starke optische Halluzinationen.

Nach zehn Tagen mit unerträglichen Schmerzen wurde ich nach Hause geschickt und musste einen Monat lang mit diesem Stabilisator in der Hüfte leben. Es war eine furchtbare Zeit und gefühlt schlimmer als vieles zuvor. Endlich kam der Tag, an dem die CRP-Werte wieder so weit in Ordnung waren und ich die nächste Operation vor mir hatte. Das neue Hüftgelenk wurde eingesetzt, aber ich wurde eine Nacht im Aufwachraum behalten und mit Sauerstoff versorgt. Zusätzlich erhielt ich eine Infusion mit Fremdblut, da ich derart geschwächt war. Ich musste länger bleiben – meine CRP-Werte wurden ständig kontrolliert. Leider – kurz vor der Entlassung – verschlechterten sich die Werte wieder, die Antibiotika halfen nicht mehr. Es stand nicht gut um mich. Man stellte eine neuerliche Operation mit nochmaliger Entfernung der Hüftprothese in den Raum. Das lehnte ich kategorisch ab, da ich diese Schmerzen nicht noch einmal aushalten konnte. Letztendlich organisierte mein Arzt ein teures und qualitativ hochwertiges Antibiotikum, das mir als Infusion gegeben wurde, und von da an ging es bergauf. Einige Tage später waren meine Blutwerte in Ordnung, und ich durfte das Krankenhaus endlich verlassen. Ich musste allerdings noch drei Monate lang Antibiotika schlucken und alle sechs Wochen eine Kontrolle des CRP-Werts durchführen lassen. Zum Glück war er danach immer in Ordnung.

Ich bin jetzt 74 Jahre alt und freue mich über jeden Tag, an dem ich in der Früh selbstständig aufstehen kann. Meine körperliche Beweglichkeit ist – trotz Knieimplantaten und neuer Hüfte – stark eingeschränkt, der Rücken und die Knie schmerzen eigentlich immer. Das Gehen ist anstrengend, lange Strecken sind nicht mehr möglich. Das ist wohl der Preis für die erfolgreichen Jahre meines Lebens.

Rückblickend bin ich froh, dass der Leistungsdruck weggefallen ist, als ich vor Jahren meine aktive Spieler- und dann auch die Trainerkarriere beendet habe. Obwohl auch jetzt noch Angebote kommen: Mit diesem Thema habe ich abgeschlossen. Es hat alles seine Zeit. Fußball war mein Lebenstraum, er hat mir sehr viel gegeben, aber auch sehr viel genommen. Ich erlebte sehr viele Tiefschläge, musste mich immer wieder zurückarbeiten, aber die vielen Höhepunkte waren letztlich all die Mühe und Anstrengung wert.

2013 wurde ich Großvater und konnte mich von da an meinem Enkel Gabriel widmen. Schon als Kleinstkind liebte er es, mit dem Ball zu spielen, er ist ein Linksfuß. Mit fünf Jahren war er beim ersten Verein und spielt derzeit bei einem Verein in der Wiener Verbandsliga. Fußball ist seine Leidenschaft, und er arbeitet hart daran, sich weiter zu verbessern. Ich freue mich immer, wenn ich ihm zuschauen kann. Aber ich möchte ihn nicht beeinflussen und keinen Druck auf ihn ausüben. Er hat in meinen Augen großes Talent und ist sehr motiviert, aber wie sich sein Weg entwickeln wird, das wird sich zeigen: Es wird nicht einfach sein, und er wird viele Herausforderungen meistern müssen. Wenn es sein Lebenstraum ist, dann wünsche ich ihm von Herzen, dass er ihn verwirklichen kann, so wie ich meinen verwirklicht habe. Er ist die Zukunft …

Enkelsohn Gabriel beim Training.

Für mich bleiben die Erinnerungen, die ganz besonderen Momente in meinem Sportlerleben, die ich für immer in meinem Herzen bewahren werde, wie das Spiel gegen Brasilien in Wien 1973, bei dem ich das 1:0 erzielt habe, ein schönes Tor. Oder als wir Österreicher bei der WM-Qualifikation 1974 punktegleich mit Schweden waren und die gesamte Mannschaft von Sparta Rotterdam samt Coach zum Entscheidungsspiel nach Gelsenkirchen kam, einzig um mich zu unterstützen. Da erst wurde mir mein Wert für den Verein bewusst. Auch werde ich natürlich nie meine Zeit bei Feyenoord Rotterdam vergessen, diesem herausragenden Profiverein mit durchschnittlich 50.000 Zuschauern bei jedem Match – es war eine eingeschworene und familiäre Truppe, wo einem viel geboten wurde.

Mit Maradona beim Essen am Tag vor dem Länderspiel gegen Argentinien am 21. Mai 1980.

Rückblick und was bleibt ...

Ich durfte in meiner Karriere gegen die besten Mannschaften der Welt wie Benfica Lissabon, Bayern München oder den FC Barcelona (viermal, einmal 1:0 gewonnen) spielen.

Ich hatte auch die Ehre, gegen all die großen Fußballer der damaligen Zeit antreten zu dürfen, darunter Franz Beckenbauer aus Deutschland, Eusebio von Portugal, Geoff Hurst und Roger Hunt aus England, George Best aus Nordirland und Maradona aus Argentinien.

Mit Pelé und László Balint beim Länderspiel Ungarn gegen Österreich am 4. Juni 1980 in Budapest.

Ein außerordentlicher Moment, den ich nie vergessen werde, war der 29. April 1970, als wir auswärts in Rio de Janeiro gegen Brasilien im Maracanã-Stadion vor 70.000 Zuschauern spielten. Ich stand vis-à-vis von Pelé, dem damals besten Fußballer der Welt. Er sah, dass ich schmächtig, jung und nervös war, und zwinkerte mir zu. Was für eine Ermutigung und Wertschätzung! Welch großartige Geste von einem Weltfußballer! Ich war überwältigt. Wir verloren das Spiel nur mit 1:0 …

Willi Kreuz: Fußball – mein Leben

STATIONEN

Wilhelm Kreuz, geb. 29. Mai 1949, Wien

Position   Mittelstürmer

Jahre	Verein	Spiele	Tore
1966–1972	Admira Wien	147	69
1972–1974	Sparta Rotterdam	65	22
1974–1978	Feyenoord Rotterdam	132	57
1978–1982	VÖEST Linz	115	37
1982–1983	SC Eisenstadt	3	0

Nationalmannschaft

1969–1981	Österreich	56	10

Trainer

1983–1985	Spielertrainer Untersiebenbrunn
1986–1988	Co-Trainer Admira Wacker
1988	FC Admira Wacker
1988–1990	VÖEST Linz
1990–1992	SV Stockerau
1993–1994	ÖMV Stadlau
1995	VSE St. Pölten
1996–1999	SV Gablitz
1999–2001	SV Stockerau

2006	SV Donau Wien
2009–2014	ASK Bad Vöslau
2015	ASK Klingenbach

Erfolge

1971	Österreichischer Torschützenkönig
1975	Niederländischer Vizemeister
1976	Niederländischer Vizemeister
1978	Tor des Jahres in Holland (Fallrückzieher)
1978	WM 1978: 7. Platz
1980	Österreichischer Vizemeister
1991	Cupsieger mit SV Stockerau

LITERATUR UND LINKS

Coerver, Wiel (1984). Fußballtechnik, Dribbeln und Tricksen, Passen und Schießen. München, Wien, Zürich: BLV.

Egger, Anton (1994). Österreichs Fußball Länderspiele. Chronik 1902–1993. Wasendorf: Anton Egger.

Friedrichs, Hanns Joachim; **Kukla**, Hans (1978). Fußball-Weltmeisterschaft 1978. München: Bertelsmann.

Hofstätter, Hans (1978). Österreich auf dem Weg zur WM nach Argentinien. Wien: Ziel-Werbe Ges. m. b. H., Hans Mayrhofer.

Langisch, Karl (1978). Fünfundsiebzig Jahre ÖFB. 2 Bände. Wien: Verlag Wien. Sportwerbung.

Wassermair, Michael; **Wieselberg**, Lukas (1998). 3:2 – 20 Jahre Córdoba: Österreich – Deutschland. Wien: Döcker.

ASK Bad Vöslau: https://vereine.oefb.at/AskBadVoeslau/Mannschaften/Saison-2009-10/KM/Tabellen

Bundesstadion Südstadt: https://de.wikipedia.org/wiki/Motion_invest_Arena

Coerver, Wiel: https://de.wikipedia.org/wiki/Wiel_Coerver

Copa Pelé 1993: http://austrianfootball.blogspot.com/2012/11/copa-pele-1993-ein-hauch-von-cordoba.html

Das Match (Fernsehshow): https://de.wikipedia.org/wiki/Das_Match#Erste_Staffel_2008

Deutsche Nationalmannschaft (Die Schmach von Cordoba): https://www.dfb.de/maenner-nationalmannschaft/news-detail/wm-1978-die-schmach-von-cordoba-185022/full/1/
https://www.weltfussball.at/spielplan/aut-bundesliga-1978-1979-spieltag/1/

Eredivisie (höchste Liga im niederländischen Fußball) 1974/75: https://de.wikipedia.org/wiki/Eredivisie_1974/75

Europapokal 1974/75: https://de.wikipedia.org/wiki/Europapokal_der_Landesmeister_1974/75

Kreuz, Wilhelm: https://de.wikipedia.org/wiki/Wilhelm_Kreuz

Kreuz, Wilhelm „Willi" – Von der Cordoba-Legende zum VÖEST-Willy: https://www.oepb.at/allerlei/wilhelm-willy-kreuz.html

Länderspiel Türkei – Österreich 1977: https://www.oepb.at/allerlei/30-oktober-1977-tuerkei-gg-oesterreich-0-1-0-0.html

Österreich – Einsätze EM-Qualifikation 1978/79: https://www.weltfussball.at/team_einsaetze/oesterreich-team/em-qualifikation-1978-1979/

Österreichische Bundesliga 1987/88 – Oberes Play-Off: https://www.weltfussball.at/alle_spiele/aut-bundesliga-1987-1988-oberes-play-off

Österreichische Fußballmeisterschaft 1978/79: https://de.wikipedia.org/wiki/%C3%96sterreichische_Fu%C3%9Fballmeisterschaft_1978/79

Österreichische Fußballmeisterschaft 1979/80: https://de.wikipedia.org/
wiki/%C3%96sterreichische_Fu%C3%9Fballmeisterschaft_1979/80

Österreichischer Cup 1990/91: http://www.austriasoccer.at/data/
nat/1990_99/cup_1990_91.htm

Österreichischer Fußball-Cup 2011/12: https://de.wikipedia.org/
wiki/%C3%96sterreichischer_Fu%C3%9Fball-Cup_2011/12

SV Gablitz: https://vereine.oefb.at/SV-Gablitz/Chronik.html

SV Stockerau: https://vereine.oefb.at/SVSTOCKERAU/Die-Chronik-des-SVS.html

Transfermarkt (mit internationalen und nationalen Transfers, Marktwerten, Wettbewerben und Archiv): https://www.transfermarkt.at

Weltfußball (mit Spielergebnissen, Ligen, Tabellen und ausführlichem Archiv): https://www.weltfussball.at

BILDNACHWEIS

Alle Fotos Privatarchiv Willi Kreuz, außer:

S. 14: Fotopersbureau Peter Smulders BV, Eindhoven

S. 29: Votavafoto, Wien

S. 30, 37 (unten), 47 (unten): Kurt Sterl, Wien

S. 31, 48 (oben): Privatarchiv Hannes Demantke, Schwechat

S. 33, 34, 36, 37 (oben), 38, 41, 43, 45, 46, 47 (oben), 48 (unten), 88, 89, 110, 112 (unten), 138, 148: Foto Sündhofer, Wien

S. 51, 52, 59 (unten), 70 (unten), 77, 78 (oben): Int. Photo / Press Office, Rotterdam

S. 55, 58, 59 (oben), 63, 66 (unten), 71 (unten), 74 (unten): Piet Bouts, Rotterdam

S. 56 (oben), 79: Sparta Rotterdam Archief, Rotterdam

S. 56 (unten), 57 (oben), 78 (unten): Voetbal International, Rotterdam

S. 57 (unten): Intercontinental Press Service, Studio Friedländer, Amsterdam

S. 60: Foton Den Haan, Rotterdam

S. 61: André Beekman A.P.S. / Kick

S. 66 (oben), 67 (unten), 68, 70 (oben), 71 (oben), 74 (oben), 75, 76 (oben): Sportclub Feyenoord Archief, Rotterdam

S. 67 (oben): Fotoarchief Utrechts Nieuwsblad, Utrecht

S. 73: Aus: Het Vrije Volk vom 13. 3. 1978, Amsterdam:
https://www.delpher.nl/nl/kranten/view?query=kreuz+willy+omhaal&page=2&coll=ddd&identifier=ddd:010959832:mpeg21:a0203&resultsidentifier=ddd:010959832:mpeg21:a0203&rowid=3

S. 76, 81: Charles Ruys Jr.

S. 82, 83, 84, 93: Votava, Wien

S. 90, 124: Ing. Hans Grundtner, Wien

S. 107: Imago/Ferdi Hartung

S. 109: Helmut Kedro

S. 111, 112 (oben): Josef Steindl, Pitten

S. 118, 127, 128, 132: Horst A. Egger, Linz

S. 119, 120, 136 (unten): Gerhard Bartl, Wien

S. 130: FMS, München

S. 136 (oben): Walter Pilgersdorfer, Linz

S. 155, 156: Votava/Imagno/picturedesk.com, Wien

S. 158: SV Stockerau, Stockerau

S. 168: Neue Kronen Zeitung Foto, Wien

S. 178: Dusek Christian, Baden

S. 179: Aus: Neue Kronen Zeitung (21. 5. 1980), Wien

S. 183: Aus: Josef Gallauer (2014). „Wir lieben Fußball". Legenden fotografiert von Josef Gallauer. Wien: VWZ Zeitschriftenverlag ges.m.b.H.

DANK

Dank an alle, die mich bei diesem Projekt unterstützt haben, speziell an meinen Vater, der sich all die Zeit nahm, mir seine persönliche Fußball-Geschichte zu erzählen und noch einmal in die Vergangenheit einzutauchen; auch für seine Geduld bei meinen unendlichen Fragen.
Meiner Schwester danke ich für den gegenseitigen Austausch und ihre konstruktiven Anmerkungen zum Inhalt; meiner Mutter für Informationen aus früheren Zeiten.
Meinem Neffen Gabriel, der mit seinem Wesen und seiner Begeisterung für den Fußball seit Kleinkindalter eine Quelle der Inspiration ist, widme ich dieses Buch, um ihm etwas Persönliches aus der Familiengeschichte zu hinterlassen.

Besonderen Dank möchte ich auch an Cor van Veldhuizen, Member of the Board and Archivist von Sportclub Feyenoord, aussprechen, der mich sowohl bei der Fotosuche und -bereitstellung als auch bei der Recherche der Spiele meines Vaters bei Feyenoord unterstützte.

Weiters bedanke ich mich bei Paolo den Hartog, Coördinator Media & Communicatie bei Sparta, der mir ebenso einige Fotos zur Verfügung stellte.

Rosemarie Konrad danke ich für die Übernahme des Lektorats und für ihre wertvolle Expertise, ihre Präzision und die kritischen Anmerkungen bei meinem ersten Buch dieser Art. Und vielen Dank an Egon Theiner für seine Unterstützung, die ehrlichen Rückmeldungen und seine mutmachenden Worte, an diesem Projekt weiterzumachen.

Alexandra Kreuz

DIE AUTORIN

Alexandra Kreuz, Mag. Dr., geb. 1972 in Wien. Sie ist selbstständige Klinische Psychologin und Gesundheitspsychologin mit einer eigenen Praxis in Wien. Ihre Arbeitsschwerpunkte sind die Diagnostik, Beratung und Behandlung von Kindern und Jugendlichen. Privat geht sie gerne laufen und ist begeisterte Tennisspielerin.